취짧사길

취업은 짧고 사업은 길다

취짧사길

취업은 짧고 사업은 길다

오 가 다 창 업 자 최 승 윤 의 열 정 클 래 스

최승윤 지음

청년 창업자들이야말로
우리 사회의 가장 소중한 자산입니다

_김난도

20대에 창업해 8년 만에 가맹점 포함 100호 매장을 낸 젊은 사업가 오가다의 최승윤 대표를 알게 된 것은 제가 진행하는 KBS 2 라디오 〈김난도의 트렌드 플러스〉를 통해서였습니다. 매주 한 명씩 성공한 CEO를 모시는 코너인 〈성공 플러스〉에 최승윤 대표가 출연하면서 최 대표의 인생과 사업에 대해 많은 이야기를 나누었습니다.

그중 가장 인상적이었던 활동은 오가다에서 4년째 진행하고 있는 '청년 창업 프로젝트'였습니다. 20대에 바닥에서부터 시작해 오늘날의 성과를 일군 창업 선배로서 리스크가 두려워 창업을 하지 못하는 후배들에게 도전의 기회를 주고자 했던 그의 진정성이 느껴지는 프로젝트였기 때문입니다.

지금 대한민국의 청년들은 기회에 목말라 있습니다. 그렇기에 그 어떤 작은 기회도 절실합니다. 기업가 정신이 사라져가는 시대에 청년 창업자들이야말로 우리 사회가 가장 아껴야 할 자산입니다. 그래서 이 땅의 청년 창업자들은 어쩌면 우리 시대의 '독립운동가'인지도 모릅니다. 그들의 열정과 실행력에 우리 사회의 희망이 오롯이 담겨 있기 때문입니다.

《취업은 짧고 사업은 길다(취짧사길)》는 커피가 카페 시장을 지배하기 시작하던 2009년, '한방차의 재해석'이라는 역발상으로 비커피 카페 시장의 트렌드를 이끌며 놀라운 성과를 일궈낸 한 청년 창업자의 이야기입니다. 그러나 이 책은 단순한 사업 성공 사례가 아니라 맨땅에서 창업을 한 한 청년이 책임 있는 기업인으로 자라나는 과정을 담은 성장담입니다.

그가 취직을 택했다면 지금쯤 어느 기업의 대리나 과장 자리에 있을 나이입니다. 하지만 최승윤 대표는 30대 중반의 나이에 자신이 좋아하는 일을 하고 있을 뿐 아니라 500개 이상의 일자리를 만든 기업인으로 우뚝 섰습니다.

'일자리 창출'이 화두인 이 시대에 청년 최승윤의 선택이 개인

의 성공을 넘어 우리 사회가 아끼고 격려해야 할 귀감이 되는 선택
지였음을 공감하게 됩니다.

김난도

서울대학교 교수

《트렌드 코리아》 시리즈 저자

KBS 2라디오 〈김난도의 트렌드플러스〉 진행자

창업은 사실 두려움과의 싸움입니다

원고를 마무리할 무렵이었습니다. 여러 가지 일이 겹쳤던 저는 평소 나름대로 깔끔하게 하고 다니던 것과 달리 며칠 계속 부스스한 얼굴로 다녔습니다. 집 방향이 같아 퇴근길에 종종 차를 같이 타고 다니던 한 직원이 제 얼굴을 보더니 한마디 했습니다.

"대표님, 요즘 회사 일 말고 또 뭐 바쁜 일 있으신 모양이에요. 며칠째 계속 얼굴이 부스스하시네요."

"아, 역시 팀장님은 여성이라 그런지 촉이 좋으시네요. 저 요즘 원고 마무리하고 있어요. 학생 때부터 책 한 권 내고 싶어서 2년 전부터 시작했는데, 생각만큼 진전이 없었거든요. 그러다 작년 말에 비전 선포식 하고 나서 3개월 안에 꼭 마무리해야겠다고 결심했거든요."

"아, 기대되는데요. 그런데 어떤 책인데요?"

"제가 20대 때 창업한 이야기와 사업 현장의 이야기를 담은 책이에요. 결론적으로는 청년들에게 창업을 권장하는 책이죠."

"앗! 그럼 제게는 필요 없는 책이네요. 왜냐하면 저는 창업할 생각이 전~혀 없거든요. 하하하!"

그 팀장은 자신은 독자가 아니라고 단칼에 잘라 말했습니다. 그녀는 우리 회사에 경력직으로 입사한 30대 후반의 싱글 여성 팀장입니다.

"아, 그런데 팀장님은 왜 그런 생각을 하는 거죠?"

"이유는 간단해요. 물론 창업을 통해 스스로 내 일자리를 만들 수도 있고, 또 사업에 인생을 건다는 게 대단히 의미 있는 일이기는 하지만, 저는 그보다는 그에 따르는 책임이 훨씬 부담스럽고 불편하고 두렵거든요."

그날 저는 집에 돌아와 여러 가지 생각이 많았습니다. 지난날 '취업이냐 창업이냐'라는 선택지를 놓고 고민했던 때가 떠올랐습니다. 그 당시 부모님은 우선 취업을 하고 사회 경험을 쌓은 다음 적당한 시기를 봐서 창업을 하라고 권하셨고, 저는 일단 조직에 들어가게 되면 창업하기가 두려워질 것이기 때문에 취업을 하지 않고 바로 창업을 하겠다고 맞섰었습니다.

그렇습니다. 창업의 가장 큰 적은 두려움입니다. 구체적으로 말하자면 실패에 대한 두려움과 책임에 대한 두려움입니다. 선택의 기로에 서 있던 저는 두려움에 맞서 제 내면부터 분석하고 살피기 시작했습니다. 내면의 소리들을 끄집어내 정리하다 보니 제가 원하는 것이 무엇인지 명확해졌고, 그 확인의 과정을 통해 두려움을 극복해가며 도전할 수 있었습니다.

하지만 창업을 하고 사업을 키워가는 과정이 늘 좋기만 한 것은 아니었습니다. 깊은 자기 성찰을 통해 확신을 가지고 선택한 길이었지만 그 과정에서 크고 작은 역경과 어려움을 만나야 했습니다. 그 역경들을 이겨냈던 경험을 되돌아보니 주위의 응원과 격려 그리고 믿음도 중요하지만 가장 중요한 것은 바로 자기애인 것 같습니다.

그렇습니다. 저는 청년들이 창업을 성공으로 이끌기 위한 가장 중요한 조건은 창업에 대한 두려움을 이겨내고 자기애를 갖는 것이라는 이야기를 하기 위해 이 책을 쓰기 시작했습니다.

1984년생인 저는 올해 서른네 살입니다. 창업을 결심한 것은 스물여섯 살이던 2009년이었고요. 그런데 제가 후배라 부를 수 있는 서른네 살 미만 청년들의 지금 상황은 저 때와는 또 많이 달라졌습니다. 제가 창업을 결심했던 시기는 너도나도 스펙을 쌓아 대기업에 들어가는 것을 지상 최대의 목표로 삼던 때였습니다. 그런데 지금은 취업을 준비하는 청년들보다는 공무원 시험을 준비하는 청년들이 눈에 띄게 많아졌습니다. 그리고 예전에 비해 창업을 준비하는 청년들도 많아졌습니다.

저의 창업 스토리는 요즘 창업을 목표로 삼는 청년들 사이에서 하나의 청년 창업 성공 사례가 되었습니다. 그래서 방송에도 자주 불려 나가고, 강연도 많아졌습니다.

제가 이렇게 주목 받는 것은 제가 문과 출신이고, 창업 후 성적이 좋은 첨단 IT 개발자도 아닌 데다 '한방차를 파는 비커피 카페'라는, 결코 기발하거나 누구도 생각하지 못할 아이템도 아닌 아이템으로 창업을 했기 때문인 듯합니다. 저 같은 조건을 가진 사람도 해낸 창업입니다. 중요한 것은 조건보다는 마음자세입니다.

물론 창업은 분명 쉽지 않은 선택입니다. 그러나 단기적인 성공이나 머니 게임이 아닌 질적인 성장을 목표로 한다면 창업은 선택할 만한 분명한 가치와 이유가 있다는 것을 제 사례를 통해 보여 드리고 싶었습니다.

사회의 변화 속도가 빨라지면서 현재의 직업군 중 절반이 20년 내에 사라질 거라고 합니다. 또 평균연령이 점차 증가함에 따라 평생직장의 개념이 사라질 거라고도 합니다. 이런 사회 분위기 속에서는 이미 취업을 한 청년들도 미래에 대해 마냥 낙관할 수만은 없습니다. 그런 이유에서 지금 취업을 준비하고 있거나 이미 취업을 한 청년들에게도 제 이야기가 도움이 될 것이라고 생각합니다. 자신이 어떤 상황에 있든 내면에 귀를 기울여 길을 찾아가고, 어려움 속에서도 스스로를 아끼며 성장해 나간다면 자기 인생의 CEO로서 미래를 주도적으로 헤쳐나갈 수 있을 것입니다.

지난 2년 동안 끙끙거리며 정리한 저의 이야기가 이제 책이라는 옷을 입고 세상에 나갑니다. 제 이야기가 인생의 방향을 정하기 위해 고민하고 있는 청년 후배들에게 용기와 격려가 되기를 바랍니다. 제 이야기를 통해 무엇이든 도전하게 된다면 저는 무엇보다 기쁠 것입니다.

훗날 다양한 업종의 기업인들이 모인 자리에서 제게 다가와 "최승윤의 이야기를 꼼꼼히 읽고, 나도 하면 되겠다 싶어서 창업을 하게 되었어요"라고 말할 용기 있는 후배들이 많이 나와 주길 기대합니다.

이 책은 곧 저의 에너지입니다. 이 책에 오롯이 담긴 저의 에너지가 미래를 향해 나아가고 있는 청년 독자들에게 전달되기를 진심으로 바랍니다. 또 청년 사업가가 되고자 했던 제 선택을 지지해주셨던 부모님께도 감사의 인사를 드립니다. 그리고 위험과 책임을 두려워하지 않고 도전하는 저를 무한히 지지해주는 아내 은모와 하루하루 저를 어른으로 만들어주는 딸 규원이에게 사랑과 감사의 마음을 전합니다.

차례

취업은 짧고 사업은 길다

01

내 안에 잠든
창업 DNA를
깨우라

신은 청춘을 응원하고 축복하며
나를 비롯한 모든 젊은이들에게
황금시계를 선물했다.
황금보다 더 귀한 시간을
그 안에 담는 것도 잊지 않았다.
그럼에도 많은 젊은이들이 황금시계를
그저 시각을 확인하는 데만 활용한다.
어떤 이는 그마저도 하지 않고
그저 시간을 죽이는 데 쓰기도 한다.

나는 누구이며, 무엇을 하며 살고 싶은가?

"아르바이트의 끝판왕은 뭐니 뭐니 해도 노가다지!"

대학 입시에 합격한 후 나는 이전까지는 느껴보지 못했던 인생 최고의 여유를 만끽하고 있었다. 가족과 함께 해외여행도 가고, 읽고 싶었던 책도 맘껏 읽었다. 그리고 기대하고 고대하던 아르바이트에도 도전했다.

"당연하지! 노가다를 안 해본 사람은 아르바이트를 했다고 말할 자격이 없지. 안 그래?"

기왕 하는 것이니 보수도 가장 세고 아르바이트의 최고봉이자 끝판왕이라 할 수 있는 건설 현장의 막노동에 도전해보기로 했다. 다행히 뜻 맞는 친구들이 몇 있어서 그들과 함께 이른 아침에 인력 시장으로 나갔다.

"어이, 거기 청년들. 이 차 타고 가."

신참이었지만 젊고 건장한 체격 덕분인지 금세 일거리가 생겼다. 작은 건물을 짓는 곳이었는데 별다른 기술이 없었던 탓에 우리는 시멘트와 벽돌 나르는 일을 했다.

"헉헉, 지금 몇 시야?"

한 겨울임에도 몸은 이미 땀으로 범벅이 됐고, 팔과 다리는 종잇장처럼 흐느적거렸다.

"뭐야! 이제 겨우 20분밖에 안 지났어?"

적어도 서너 시간은 지난 것 같은데, 시계를 보니 겨우 20분이 지나 있었다. 놀라웠다. 시간이라는 것이 이토록 느리게 흐를 수 있다니! 게임같이 재미있는 것을 할 때는 한 시간이 10분처럼 빨리 흘렀다. 그런데 힘들고 지루한 일을 하니 10분이 한 시간, 아니 족히 두 시간은 된 듯 길게 느껴졌다. 그런데 몸이 힘든 것과 별개로 나는 묘한 기분에 휩싸였다.

막노동 아르바이트 첫날, 나는 1년과도 같은 여섯 시간을 보내며 새삼 시간의 가치에 대해 다시 생각하게 됐다. 시간이 그토록 느리게 움직이는 것이라면 그 시간을 어떻게 활용하느냐에 따라 우리는 참으로 많은 것들을 할 수 있겠다는 생각이 든 것이다.

그날, 나는 첫 아르바이트의 대가로 세상에서 가장 비싼 시계를 선물 받았다. 그 시계는 몸체가 황금인 데다 시각을 나타내는 숫자들에는 번쩍이는 다이아몬드가 박혀 있었다. 그 값을 짐작하기조차 힘든, 아주 고가의 것임이 분명했다. 물론 나는 지금도 그 시계를 차고 있고 애지중지하며 잘 활용하고 있다.

○ 살아 있는 동안 꼭 해야 할 일이 있는가?

흔히들 청춘을 인생의 황금기라고 한다. 청춘은 가장 젊고 아름다운 시기이기도 하지만 무엇을 하든 다 이룰 수 있을 만큼 희망이 넘치는 시기이기 때문일 것이다. 신은 이런 청춘을 응원하고 축복하며 나를 비롯한 모든 젊은이들에게 황금시계를 선물했다. 황금보다 더 귀한 시간을 그 안에 담는 것도 잊지 않았다. 그럼에도 많은 젊은이들이 황금시계를 그저 시각을 확인하는 데만 활용한다. 어떤 이는 그마저도 하지 않고 그저 시간을 죽이는 데 쓰기도 한다.

고등학생 때까지 나는 착하고 성실한 모범생이었다. 물론 그렇다고 죽어라 공부만 한 것은 아니다. 호기심도 많고 도전의식도 강해서 많은 시도와 경험들을 했다. 하지만 그 모든 경험은 울타리 안의 질서를 파괴하지 않는다는 전제가 늘 따라다녔다. 노골적으로 그것을 강요하는 사람은 아무도 없었다. 그럼에도 나는 스스로 그 울타리를 지키며 그 안에서 최선을 다했다. 한마디로 착한 아들, 착한 학생이었다. 그래야 되는 줄 알았다.

대학 입학과 동시에 나를 둘러싸고 있던 울타리가 슬며시 열렸다. 성인이 된 데다 대학 입시라는 무시무시한 관문까지 통과하고 나니 비로소 내 인생을 스스로 핸들링할 자격이 부여된 것이다. 이제부터 나는 황금시계를 힘껏 굴리며 내가 바라는 모습으로 내 시간을 채워 가면 되는 것이었다.

그렇다고 해서 엄청난 일탈을 꿈꾼 것은 아니다. 단지 지금까지와는 다른, 울타리 밖 세상을 보는 눈을 가져야 할 필요성을 느꼈고, 그러기 위해 내가 가진 황금시계를 제대로 굴려봐야겠다는 야망이 생긴 것이다.

"아, 햇빛 좀 보고 살아야 되는데, 이러다가 좀비 되는 거 아냐? 여행 좋아하는 내가 이러고 있으니….."

"좋아하는 거 다 하면서 어떻게 성적 올리고 취직 하냐?"

학교 도서관 앞을 지날 때면 늘 비슷한 푸념이 들려왔다. 어쩌면 취업 전장에서 미래의 경쟁자가 될지도 모를 그들이었다. 그럼에도 나는 도서관이 아닌 응원단 연습실로 걸음을 재촉했다. 나라고 해서 시험 걱정 안 되고, 졸업 후가 불안하지 않은 건 아니었다. 그렇지만 하고 싶은 것은 반드시 해야 하는 성격인지라 다른 학생들의 한숨 소리를 뒤로하고 응원단 동아리방으로 향했다.

"너도 참 대단하다. 하고 싶은 게 그렇게도 많아?"

"헤헤, 제가 원래 좀 하고 싶은 게 많고, 또 하고 싶으면 꼭 해봐야 해서…."

응원단 연습을 마치고 또 어디론가 부리나케 가려는 나를 한 선배가 기가 차다는 표정으로 바라봤다. 선배는 나를 보며 응원단 하나 하는 것만으로도 힘이 부칠 텐데 한시도 가만히 있는 꼴을 못 보겠다며 너털웃음을 웃었다.

나는 어릴 적부터 하고 싶은 게 많았고, 가능한 한 다 해보는 스타일이다. 특히 그 시기가 아니면 다시는 할 기회가 없는 일이라면 반드시 해보려고 한다. 예를 들면, 대학생이 되면 장학금을 꼭 받아보고 싶었다. 과 수석을 놓치지 않겠다는 거창한 목표가 아니었다. 대학 4년, 총 8학기 중 단 한 번만이라도 장학금을 받으면 된다. 그것만으로도 '대학 시절 장학금 받고 학교 다닌 학생'이 되니 충분히 만족스러울 거라 여겼다.

"넌 응원단도 하고 아르바이트란 아르바이트는 다 하고 다니더니 이젠 장학금까지 받냐?"

"학군단도 지원했다며? 정말 대단하다."

목표한 한 한기 장학금 받기에 성공한 나는 아주 만족스러운 표정으로 내 버킷리스트에 완료 표시를 했다. 그리고 또 다른 목표를 향해 뛸 준비를 했다. 대학에 입학하기 전부터 나는 대학 4년 동안 하고 싶은 일 목록을 작성해 두었었다. 그리곤 차곡차곡 그것들을 경험해 나갔다.

내가 목록까지 작성해가며 가능한 한 많은 경험을 하려고 했던 것은 단순히 성취감이나 자기만족을 얻기 위해서가 아니었다. 나는 큰 그림을 그리고 있었다. 내가 무엇을 잘하고, 무엇을 원하는지를 알고 싶었다. 나 자신을 알아야만 내가 진정으로 행복해지는 길을 찾을 수 있을 테니 말이다.

○ 내가 가장 행복한 순간을 포착하라

영화 〈버킷리스트: 죽기 전에 꼭 하고 싶은 것들〉 대사 중에는 "인생에서 기쁨을 찾았는가?"라는 구절이 있다. 천국에 들어가기 위한 질문 중 하나다. 굳이 천국에 가겠다는 바람이 있는 건 아니지만 그동안 나는 내 인생에서 기쁨을 찾기 위해 무척이나 노력했다. 하고 싶은 일이 생기면 종이에 꼼꼼하게 적으면서 꼭 이루겠다는 결심을 다졌다. 특히 결혼을 하고 누군가를 책임져야 할 가장이 되기 전까지는 최대한 많은 경험을 하며 나를 찾는 데 집중하고 싶었다. 많은 것을 경험하고, 그 경험을 통해 나를 찾는 것이 곧 기쁨이고 행복이라 여겼다.

"승윤아, 너 토익반 안 들어가?"

"토익반? 야, 난 응원단 지원할 거야."

"응원단? 거기 들어가면 정말 힘들어서 공부할 시간도 없다던데."

대학에 갓 입학했을 때였다. 과 친구들은 내가 응원단에 들어간다니 의아해 했다. 대부분의 학생들은 1학년 때부터 취업에 대비해 토익을 비롯해 각종 스펙을 쌓기 위해 열을 올렸다. 그렇게 준비를 해도 하기 힘든 것이 취업이었다. 그런데 응원단에 들어간다니! 치열하게 취업 준비를 해도 부족한 세상에 내 행동은 확실히 비정상적이기는 했다. 하지만 나는 '그럼에도 불구하고' 하고 싶은 일이면 반드시 하고자 했다.

"하여튼 넌 정말 별난 놈이야."

'별난 놈'이라는 소리는 진즉부터 듣고 있었기 때문에 그다지 기분 나쁠 게 없었다. 고등학교 3학년, 다들 수능에 매달려 있을 때도 나는 학생회장이 되어 온갖 행사를 치러냈으니 말이다.

내가 다닌 고등학교에는 마치 전설처럼 내려오는 징크스가 있었다. 학생회장이 되면 대학 입시에 떨어져 재수를 필수적으로 하게 된다는 것이었다. 전임 학생회장까지 7년 연속 대학 진학에 실패했으니 그런 흉흉한 소문이 떠돌 만도 했다.

오랜 징크스에도 불구하고 나는 학생회장 출마를 포기할 마음이 없었다. 학생회장이라는 감투가 욕심나서가 아니었다. 학생회장이 돼서 하고 싶은 게 너무나 많았기 때문이다. 그런데 그 기회를 놓치면 고교 학생회 활동을 해볼 기회는 내 인생에서 영영 사라지게 되는 것이었다.

학생회장이 된 나는 기다렸다는 듯이 다양한 행사를 기획하고 추진했다. 고교 선배이신 손기정 선생을 기념하는 사업도 의욕적으로 벌였다. 또 시간을 쪼개 졸업한 동문 선배들을 만나고 다녔다. 그리고 동문 선배들의 후원을 받아 학교 축제를 성대하게 열었다. 그러자 주위에서는 엄지손가락을 치켜들기도 했지만, 저러다 대학 못 가면 어떡하냐며 걱정하는 사람도 많았다.

"이제 우리 학교 학생회장이 대학 못 가는 전통이 8년으로 늘어나겠네."

친구들은 놀리듯 말하면서도 한편으로는 내가 너무 학생회 일에 정신을 빼앗기는 거 아니냐고 걱정했다. 나도 불안하지 않은 건 아니었다. 그래도 나는 공부도 잘하고 싶고 학생회 활동도 잘해내고 싶었다. 힘들지만 그걸 해내고 나면 그만큼 자신감도 커질 것 같았다. 어려운 일 두 가지를 동시에 해봤으니, 한 가지만 잘하는 것은 상대적으로 쉬울 것이다. 하고 싶은 일을 하면서 자신감까지 키울 수 있으니 해볼 만한 도전이었다.

그리고 나는 7년 연속 이어져오던 학교의 전통 아닌 전통을 보기 좋게 무너뜨렸다. 학생회장이 되면 대학에 떨어진다는 징크스는 나를 비껴갔다. 나에게는 대학에 들어간 기쁨도 컸지만, 하고 싶은 것을 하면서 대학 입학에 성공한 데 대한 기쁨이 더 컸다. 두 가지 미션에 동시에 성공했다는 뿌듯함은 어린 나이에도 성취감이 무엇인지를 느끼게 해줬다. 그때가 아니면 할 수 없는 것을 과감히 해볼 수 있어서 얼마나 다행인지 모른다는 생각이 더욱 강해졌다. 당연히 대학에 가서도 나는 하고 싶은 것을 하나씩 적어 놓고 도전하기를 멈추지 않았다.

"넌 어떻게 그렇게 여유로울 수 있어? 스펙만 쌓기에도 모자라는 이 시간에 이것저것 하고 싶은 거 다 해보잖아."

대학 생활 4년 동안 여러 다양한 경험을 해보려 분주히 움직이던 나에게 더러는 '여유로워 보인다'고 하기도 했다. 취업을 위해 학점과 스펙 쌓기에 열중하는 자신들과는 확연히 다른 행보를 보이는 내 모습이 여유로워 보였나 보다. 하지만 나는 결코 여유롭지 않았다. 그들만큼이나 치열했다.

나라고 해서 왜 미래가 불안하지 않았겠는가. 요즘 말로, 금수저를 물고 태어난 것도 아니니 말이다. 다만 친구들이 미래에 대한 불안을 학점과 스펙, 취업으로 해결하고자 했다면 나는 그걸 목표로 삼지 않았을 뿐이었다.

'경험을 통해 생각의 폭을 넓히고 지혜로운 사람이 되자! 그리고 내가 무엇을 원하는지 찾아가자!'

먹고사는 것 자체도 중요하지만 되도록 많은 경험을 쌓아 지혜의 눈을 가지고 싶었다. 그걸 통해 더 큰 힘을 갖고 더 넓은 세상에서 일하고 싶었다. 무엇보다 내가 진정 원하는 삶이 어떤 것인지, 내가 무엇을 할 때 가장 행복한지에 대해 알고 싶었다.

○ **포기는
또 다른
선택이다**

빈센트 반 고흐는 생전에 동생 테오에게 보낸 편지에 "확신을 가져라. 아니 확신에 차 있는 것처럼 행동해라. 그럼 차츰 진짜 확신이 생기게 된다"라는 말을 남겼다. 알다시피 고흐의 인생은 불행으로 점철되어 있었다. 생전에 그림 한 점 팔지 못했던 그가 확신을 이야기한 이유는 도대체 무엇일까? 당대 미술계에서는 인정받지 못했음에도 그는 계속 그림을 그렸다. 자신만의 확신, 그림에 대한 꿈을 버리지 않고 붓질을 멈추지 않았다.

나도 나름대로 확신을 가지고 있었다. 확신을 가지고 잡은 목표들이었기에 반드시 달성하고 싶었다. 그러면서도 확신을 내려놓아야 할 순간이 오면 그냥 흐지부지 그만두는 것이 아니라 명확한 근거를 가지고 결정하려고 노력했다. 즉 나에게 있어서 포기는 더 나은 길로 가기 위한 또 하나의 선택이었던 것이다.

그토록 바라던 응원단에 들어간 나의 다음 목표는 응원단장이 되는 것이었다. 기왕 하는 것이라면 최고의 자리까지 올라가봐야겠다는 생각이 들었다.

"승윤아, 오늘 동작 완전히 익힐 때까지 남아서 연습하라는 말 들었어?"

"응, 이러다가 오늘 밤 샐지도 모르겠다."

응원단 생활은 힘들었지만, 응원단장까지 해보겠다는 목표가 있으니 버틸 만했다. 그러나 응원단장이라는 목표에 다가갈수록 다른 꿈들이 점점 멀어지는 것 같아 여간 고민스러운 게 아니었다. 나는 노트를 펼치고 응원단장을 할 때 얻을 수 있는 것과 포기해야 할 것들을 나란히 적었다. 그리고 응원단장을 포기할 때 얻을 수 있는 것들도 함께 적었다.

대학교에 다닐 때 내가 세운 목표 중에는 응원단 말고도 몇 가지가 더 있었다. 학군단(ROTC)에 지원해 나중에 장교로 군 복무를 하고 싶었고, 전공뿐 아니라 다양한 영역의 학문에 심취해보고도 싶었다. 대학생이 됐으니 당연히 장학금도 받아봐야 하고, 이것저것 해보고 싶은 아르바이트도 많았다. 그리고 무엇보다도 졸업하기 전에 '대학생 창업'도 하고 싶었다.

나는 저울을 꺼내 각각의 소망을 매달아봤다. 그러자 추가 한쪽으로 기우는 것이 확연하게 보였다. 응원단장 하나를 내려놓으면 나머지 것들을 모두 경험해볼 수 있을 것 같았다. 아쉽더라도 포기해야 한다면 과감하게 포기하는 것도 지혜로운 방법이라는 생각이 들었다.

포기를 통해 또 다른 새로운 일을 할 수 있게 될 것이니 미련을 오래 가질 이유가 없었다. 스티브 잡스는 "인생에서 당신이 가진 유일한 자산은 '시간'이다. 그 시간을 자신을 향상시킬 수 있는 멋진 경험을 쌓는 데 투자한다면, 당신이 손해를 볼 가능성은 없다" 라고 했다.

경험을 쌓기 위해 소중한 시간을 투자하는 것이니만큼 선택과 포기의 순간에 주저할 이유는 없다. 나는 응원단장이라는 꿈을 포기하고 다른 것들을 이루겠다고 결심한 후 과감히 응원단을 그만두었다. 많은 시간과 열정을 쏟아부었던 만큼 아쉬움도 남았다. 하지만 애초에 열정 넘치는 대학 생활과 대중 앞에 당당히 서는 경험을 하겠다는 목표를 이루었기에 큰 미련은 없었다.

인생은 선택의 연속이다. 그리고 그 과정에서 포기를 피할 수는 없다. 포기는 더 나은 것을 하기 위한 적극적인 선택이니 오히려 전진이라고 볼 수 있다. 그러니 선택지가 다양하다면 하고 싶은 마음이 더 강한 것을 하면 된다. 마음이 더 끌리는 것을 선택하는 것도 좋고 냉철하게 득과 실을 따져 선택하는 것도 좋다. 대신 포기한 것에 대해 미련을 두지는 말자. 포기도 선택이니 미련을 둘 이유가 없다.

청춘들에게 황금시계가 있다지만 시간이 결코 무한한 자원은 아니다. 오히려 제한된 자원이기에 그것을 적극적으로 굴리느냐, 굴리지 않느냐에 따라 얻고 잃는 것도 달라진다. 더 많은 시도와 도전을 해봐야 하고, 그 과정에서 포기와 선택을 통해 조금씩 자신의 길을 찾고 전진해가야 한다.

길 밖에서 길을 찾다

지난 2015년은 영화 〈백 투 더 퓨처〉가 개봉한 지 30주년이 되는 해였다. 1985년에 개봉한 〈백 투 더 퓨처〉에서는 상상 속 미래의 모습을 그리고 있는데, 그 미래가 바로 2015년이다. 〈백 투 더 퓨처〉에는 영화 제작 당시에는 존재하지 않았던 홀로그램이나 전자안경 등의 아이템이 등장하는데, 30년이 지난 오늘날 실제로 구현된 것들이 있어서 화제를 모았다.

나도 혼자 상상했던 것이 실현되는 것들을 보면 짜릿한 전율이 느껴진다.

대학 시절, 잠시 축구 게임에 빠진 적이 있었다. 콘솔 게임기로 하는 축구 게임은 금세 흥분의 도가니에 빠지게 할 만큼 재미있었다. 그러던 어느 날, 게임보다 게임이 진행되는 화면이 눈에 더 들어왔다.

"우리 수비수 어디 있어?"

"화면 밑에 있는 맵 봐. 거기에 선수들 위치가 다 나와 있어."

"오케이! 이제 패스해야지."

게임을 하다 보면 자기편 선수들이 어디에 있는지 모를 때가 있다. 그런데 게임은 친절하게도 화면 한 구석에 선수들의 위치를 보여주는 맵을 제공하고 있었다. 그 맵을 보면서 게임을 하면 시합이 더 박진감 넘친다.

"그런데 말이야, 실제 축구 시합을 할 때도 이 게임처럼 선수들 위치를 친절하게 보여주면 좋지 않을까?"

내 말에 친구는 또 무슨 엉뚱한 소리를 하느냐고 물었다.

"텔레비전으로 축구 중계를 볼 때, 경기장 전체 화면을 보여주면 누가 어디 있는지 잘 모를 때가 있잖아."

"그야 전체 화면을 잡으면 선수들이 작게 보일 수밖에 없으니까 그렇지."

"그러니까. 그때 누가 어디 있는지를 맵으로 보여주면 좋잖아. 이 게임처럼 말이야."

"듣고 보니 그러네. 괜찮은 아이디어인데!"

나는 친구들의 반응에 신이 나서 생각 보따리를 더 풀어놓았다. 실제 경기에서 선수들의 움직임을 실시간으로 보여줄 수 있는 방법까지 제시했다.

"선수들 축구화에 칩을 심는 거야. 선수들 위치를 알려주고 식별할 수 있게 하는 칩이지. GPS 칩 같은 걸 활용하면 되지 않을까?"

"오, 정말 그럴 듯한데!"

물론 당시의 내 아이디어는 그저 재미있는 제안 정도에 그쳤다. 하지만 몇 년 뒤 그것이 실제 현실에서 구현되는 것을 보았을 때는 놀랍기도 하고 신기하기도 했다.

○ 단순한 아이디어? 누군가는 현실로 만든다

인류의 위대한 발명도 사소한 발상에서 출발한 것들이 많다. 우노 다카시는 《장사의 신》이라는 책에서 좋은 아이디어는 하루아침에 나오는 게 아니라고 하면서 "때로는 아주 사소한 발상이 인기 메뉴를 만들기도 한다"고 했다. 티끌만한 작은 불씨가 엄청나게 큰 불꽃이 될 수 있다는 것이다.

오래전에 어머니와 대형 할인마트에 장을 보러 갔을 때의 일이다. 이것저것 사야할 것을 골라 카트에 집어넣고 또 다른 물건을 사러 위층 매장으로 올라가고 있었다. 무빙워크가 천천히 움직이기 때문인지 겨우 한 층을 올라가는 동안이었는데도 나는 그 시간이 무척 지루하게 느껴졌다. 주위를 두리번거려 봐도 딱히 구경할 만한 것이 없었다. 그때 내 눈에 들어온 것이 있었다.

무빙워크는 사람과 카트 등을 실어날라야 하기 때문에 크기가 제법 크다. 그리고 천천히 움직인다. 무빙워크를 찬찬히 관찰하던 중 나는 재미있는 아이디어가 하나 떠올랐다.

'무빙워크의 손잡이 벨트와 벽 사이에 작은 홈을 파서 상품을 진열해놓으면 좋겠는데!'

무빙워크는 대부분 벽면에 위치하고 있기 때문에 벽과 무빙워크 사이에 공간이 발생한다. 그 공간은 아무것도 없이 그저 벽과 무빙워크를 잇고 있을 뿐이다. 나는 텅 비어 있는 그 공간이 왠지 아깝게 느껴졌다. 그 비어 있는 공간에 사람들이 손쉽게 쥘 수 있는 저가의 물건을 진열해놓으면 좋겠다는 생각이 들었던 것이다. 아니나 다를까, 요즘 마트에 가 보면 그 공간을 이용해 과자나 양말 등 가격이 싸고 쉽게 집어들 수 있는 물건들을 팔고 있는 것을 볼 수 있다.

흔히 볼 수 있고 쉽게 지나칠 수 있는 것도 유심히 살펴보면 뭔가 새로운 아이디어가 떠오를 때가 있다. 관찰의 힘은 위대하다. 현대판 셜록 홈즈를 다룬 영국 드라마를 보면, 셜록 홈즈는 무심코 지나치는 환경이나 사람들의 행동에서 결정적인 단서를 찾는다. 관찰이 어디 탐정만의 능력일까?

스웨덴에 본사를 두고 있는 일렉트로룩스사는 청소기를 개발할 때 직원들이 1,500가구를 직접 찾아가 각 가정마다 주부들이 청소기를 어떻게 사용하고 있는지를 장기간 관찰했다고 한다. 그 과정에서 일레트로룩스사의 직원들은 주부들이 청소기를 사용할 때 힘들어하는 모습을 생생하게 지켜봤다. 무거운 청소기를 끌고 집안 곳곳을 돌아다니는 게 쉽지 않았던 것이다. 휴대용 청소기를 쓸 때도 마찬가지였다. 매번 허리를 굽혀야 하니 말이다.

무겁고, 사용하다 보면 허리가 아프기까지 한 청소기의 단점을 보완하기로 한 일렉트로룩스사는 합체형 무선청소기를 개발했다. 합체하면 막대형 청소기가 되고, 분리하면 휴대용 청소기가 되는 이 제품은 무겁지도, 허리가 아프지도 않아 출시 후 큰 성공을 거두었다.

이처럼 관찰을 통해 아이디어를 얻으려면 '뭔가 좋은 게 없을까?', '뭔가 필요한 게 없을까?'라는 질문을 늘 갖고 있어야 한다.

대학 시절 관찰과 질문들을 통해 내가 떠올린 기발한 아이디어는 제법 많았다. 하루는 지난밤의 숙취를 풀기 위해 친구들과 섬진강재첩국을 먹으러 갔다.

"여의도에서 섬진강재첩국을 파는 것도 좋겠다!"

"그게 또 무슨 엉뚱한 소리야?"

"우리나라 직장인들은 회식이니 뭐니 해서 평소에 술을 많이 마시잖아. 그런데 다음날 급히 출근하느라 해장도 못할 때가 많을 거거든."

"그렇겠지. 그런데 그게 왜?"

"아침 일찍 여의도역에서 섬진강재첩국을 파는 거야. 작은 승합차를 개조한 후 큰 솥에 끓여서 한 그릇씩 퍼주는 거지. 이른 아침에만 파니 학교생활에도 지장이 없을 테고. 어때?"

"어휴, 너나 많이 하세요. 난 취업 준비나 열심히 할 테니."

주변을 유심히 지켜보다가 떠오른 아이디어는 이것 말고도 많았다. 시험기간이 되면 늘 잠에 쫓기는 대학생들을 보고 떠오른 것도 있다. 음이온과 산소를 공급해주는 수면방을 만들어 잠깐씩 잠을 잘 수 있게 하는 것이다. 시험기간에 분명 대박이 날 것 같았다. 그 외에도 건강 다이어트 도시락을 정기적으로 배달해주는 사업을 구상하기도 했다. 다이어트에 관심이 많은 친구들이나 자취생활을 오래해서 식생활 균형이 깨져버린 친구들을 보면서 떠올린 아이디어였다. 담배를 많이 피워서 기침이 잦은 친구들을 보면서 기관지에 좋은 도라지즙을 합리적인 가격으로 판매하면 좋겠다는 아이디어도 떠올렸다. 실제로 도라지 재배 농장에 연락을 해보기도 했는데, 이때의 경험은 훗날 한국 전통차를 창업 아이템으로 떠올리는 데 큰 영향을 줬다.

내가 떠올린 아이디어들 중 상당수는 이후에 실제로 구현되었다. 실제로 구현된 아이디어를 볼 때마다 나는 내 생각이 틀리지 않았다는 사실에 기뻤지만 한편으로는 그 사업을 내가 직접 하지 못한 데 대한 아쉬움도 컸다.

○ **지갑은
가치를 충족시킬 때
열린다**

대학 시절에 꼭 해야 할 일 목록 중 가장 신중하게 진행했던 것은 '대학생 창업'이었다. 응원단이나 학군단, 장학금, 각종 아르바이트 등은 내가 무조건 열심히 노력하면 이룰 수 있는 것들이었다. 그런데 대학생 창업은 기발한 아이디어, 그것을 구현할 기술과 최소한의 자본이 필요한 일이었다. 그리고 도전할 거라면 단순히 '그거 해봤다' 정도가 아니라 멋지게 성공해내고 싶었다.

나는 무작정 덤벼들기보다는 괜찮은 사업 아이템을 찾는 데서부터 시작해보기로 했다. 그러기 위해 가장 우선되어야 할 것이 '관찰'이었다. 새롭고 기발하면서도 세상을 뒤바꿀 만한 멋진 아이디어가 어느 날 갑자기 섬광처럼 떠오를 리 없었다. 같은 현상이라도 무심히 바라보면 전혀 새로울 것이 없다. 하지만 호기심을 가지고 관찰하면 아직 세상에 태어나지 않은 새로운 아이디어와 만나게 된다.

대학생 창업에 대한 목표가 있어서인지 나는 평소 일상에서 일어나는 소소한 일들도 사업가의 눈으로 관찰하려고 노력했다. 즉, 고객이 필요로 하는 것이 무엇인지 찾고, 사업가의 입장에서 그것을 구현하려면 어떻게 해야 하는지를 생각했다. 그러다보니 다양한 아이디어들이 떠올랐다. 그중에서 혼자 힘으로도 가능한 것은 직접 도전해보기도 했다.

2002년, 우리나라는 월드컵 열기로 붉게 물들어 있었다. 경기장에 가지 못한 사람들은 삼삼오오 술집이나 카페에 모여 함께 응원을 했다. 그중 압권은 길거리 응원이었다. 서울 시청 앞 광장처럼 수많은 인파가 모일 만한 곳에서는 어김없이 대형 스크린으로 경기를 관람할 수 있었다. 거리 곳곳에서 "대한민국!"이라는 구호가 울려 퍼졌다. 당시 고등학생이었던 나 역시 친구들과 어울려 거리 응원에 나섰다.

2002년에는 축제에 참가한 한 사람으로서 월드컵 열기를 만끽했다면 4년 뒤인 2006년 월드컵 때는 그 열기와 사업적인 아이디어를 자연스럽게 접목하게 되었다. 당시 나의 관심은 거리를 온통 붉게 물들인 사람들의 옷에 있었다. 개중에는 미처 붉은 악마 티셔츠를 입지 못한 사람들도 있었는데, 내 눈에는 그들이 모두 내 고객으로 보였다.

물론 이런 생각은 나만 한 것이 아니었다. 많은 사람들이 월드컵 특수를 기대하며 붉은 악마 티셔츠를 만들거나 도매상에서 대량으로 사와서 팔았다. 거리의 난전은 물론 슈퍼마켓에서도 티셔츠를 팔았을 정도로 붉은 티셔츠 바람은 거셌다.

"이거 너무 늦게 뛰어드는 거 아닐까?"

"그러게. 다들 붉은 티셔츠 한 장쯤은 가지고 있는 것 같은데? 그리고 저기 봐. 옷 파는 사람들이 한둘이 아니야."

도매로 티셔츠를 사와서 과감히 난전을 펼치기는 했지만 어쩐지 마음은 점점 불편해져 갔다. 소위 말하는 끝물을 타서 괜히 재고만 남기고 마는 건 아닐지 걱정이 됐다. 그때 내 눈에 들어온 한 가족이 있었다.

"월드컵 시즌에만 입고 말 건데 우리 것까지 다 사려니 부담되네. 그냥 아름이 것만 사요."

아이와 함께 응원 나온 젊은 부부는 붉은 티셔츠를 고르다가 결국 아이 것만 사가지고 갔다. 잠깐 입고 말 옷인데 가족 걸 전부 사려니 부담이 된 듯했다.

"어머, 우리 아름이 진짜 예쁘다. 천사가 따로 없네."

젊은 부부는 아이가 붉은 티셔츠를 입은 모습을 보며 매우 즐거워했다. 그 모습을 본 나는 '이거다' 싶었다. 엄마들은 자신에게 쓰는 돈은 5천 원도 아까워한다. 그러나 아이에게는 돈을 아끼지 않는다. 거기서 나는 아이디어를 얻었다.

"우린 어른들이 입을 티셔츠보다 아이들 옷 위주로 팔자. 충분히 승산이 있어!"

그 판단은 적중했다. 대략 10일 정도 장사를 했는데, 그때 번 돈으로 독일까지 날아가 직접 태극전사를 응원했을 정도로 벌이가 꽤 괜찮았다.

짧은 경험이었지만 나는 그때 장사의 본질이 돈과 물건의 교환만이 아니라는 것을 깨달았다. 사람들이 돈을 주고 물건을 사는 것은 즐거움이나 행복 같은 가치를 얻기 위함이다. 행복이나 즐거움은 눈에 보이는 게 아니다. 장사나 사업을 하는 사람에게 가장 필요한 능력은 어쩌면 고객의 마음을 읽고 그들이 원하는 것이 무엇인지 아는 것일 터이다.

내가 티셔츠를 팔 때 가격 경쟁이나 장사하기 좋은 장소에만 집착했다면 별로 재미를 보지 못했을지도 모른다. 그 당시 붉은 악마 티셔츠를 파는 곳이 얼마나 많았는가. 내가 눈여겨본 것은 엄마의 마음이었다. 엄마 자신은 붉은 티셔츠를 입지 않아도 된다. 대신 아이가 그 옷을 입고 응원하는 모습을 보는 것이 더 행복하다. 그래서 아이 옷은 주저 없이 샀던 것이다. 그런 엄마의 마음을 읽은 덕에 우리의 티셔츠 판매 사업은 성황을 이루었고 제법 괜찮은 수익을 올릴 수 있었다.

좋은 물건을 판다는 것은 품질이 좋은 제품을 판다는 것이기도 하지만, 사는 사람의 욕구나 행복을 채워준다는 의미이기도 하다. 즉흥적인 아이디어는 떠오를 수 있다. 그 아이디어가 단순한 호기심으로부터 시작되었다 하더라도 사람들의 지갑을 열게 하려면 무언가 가치를 충족시켜줘야 한다. 그때도 나는 돈을 많이 벌 수 있어서 좋은 것보다 이런 깨달음을 얻은 것이 너무나 즐거웠다. 그래서 내가 만약 사업을 한다면 고객은 물론 나 스스로에게 새로운 가치를 부여하지 못하는 사업은 하지 않겠노라 결심하게 되었다.

o **돈보다**　　　　"창업? 그거 그저 꿈일 뿐이죠. 현
　열정과　　　　실은….
　아이디어!　　　"돈 한 푼 없이 어떻게 창업을 해

요? 대학생 창업, 청년 창업이라는 것도 돈 있는 애들이나 누리는
특권이죠."

　창업에 대한 열망도 있고 썩 괜찮은 아이디어도 있지만 막상
실행하려니 머뭇거려진다. 무엇보다도 돈이 없다. 청춘의 특권인
황금시계 덕분에 도전이 실패로 끝나도 툭툭 털고 다시 시작하면
된다. 그래도 결코 늦지 않는다. 그런데 돈은 다르다. 아르바이트
를 해서, 부모님께 지원을 받아서, 심지어 대출을 받아서라도 마련
해야 한다. 그러니 돈을 잃는 것에 대해 결코 대범할 수가 없다.

　나 역시 마찬가지였다. 이런저런 기발한 아이디어들이 떠오른
다고 해서 다가 아니다. 정작 그것을 구현하기 위해서는 돈이 필요
하다. 섬진강재첩국만 하더라도 당장 승합차부터 큰 솥, 재료 등을
살 돈이 필요하지 않은가. 누군가 창업을 위해 마음껏 써도 되는
공짜 돈을 줬다면 아마 나도 내 머릿속을 스쳐 지나갔던 많은 아이
디어들을 모두 구현해 봤을 것이다.

　이처럼 창업을 하는 데 있어 돈이 중요한 요소인 것은 분명하

다. 그럼에도 나는 돈이 없어서 창업을 못한다는 말에는 고개를 끄덕일 수 없다. 돈이 필요한 것은 맞지만 돈이 없어서 못한다는 말은 핑계에 불과하다. 돈 없이 기발한 아이디어와 열정, 인적자원을 활용해 할 수 있는 사업도 많다. 나는 그것을 경험을 통해 깨달았다.

응원단 동기 중에 미술대학에서 디자인 공부를 하는 친구가 있었다. 디자인 실력도 좋았지만 무엇보다 대학생 창업에 대해 긍정적인 친구라 나는 사업 아이디어가 떠오를 때마다 그 친구에게 의견을 구했다. 사업의 목적과 의미에 대해 허심탄회하고 자유롭게 의견을 나눌 수 있는, 그 당시 내 최고의 파트너였다.

"이제 정말 제대로 된 창업을 해봐야 하지 않을까?"

3학년이 되자 나는 대학생 창업에 대해 더 진지하게 고민하기 시작했고, 평소처럼 그 친구에게 내 생각을 말했다.

"일단 초기에 돈이 많이 들어가는 건 안 돼. 너나 나나 돈이 없잖아. 초기에 자본이 안 드는 것을 해보자. 너는 할 수 있는 게 뭐가 있어?"

"나? 나는 아이디어밖에 없지. 그리고 열심히 뛰는 것. 하하!"

나는 돈은커녕 이렇다 할 기술조차 없었지만 창업에 대한 열망만은 누구보다 강했다. 그리고 그 열망을 이루기 위해 평소에 꼼꼼하게 관찰하며 다양한 아이디어들을 생각해냈다. 그것이 내겐 가장 큰 자산이었다.

○　　**틈새를 찾아**
　　니즈를
　　심으라

　　　　　　　　　　"우리도 그거 하자."

　　　　　　　　　　"뭐?"

　　　　　　　　　　"그거 있잖아. 네가 제일 잘하는
거."

　　사실 나는 그 친구를 보며 이미 생각해둔 아이디어가 있었다. 당시 그 친구는 디자인 회사에 인턴으로 다니고 있었다. 심벌마크와 기업의 CI, BI를 개발해주는 회사였다. 옆에서 지켜보니 일이 꽤 재미있어 보였다. 특히 돈의 규모가 생각보다 크다는 것이 무척 매력적으로 느껴졌다. 마침 친구는 한 공기업의 프로젝트를 막 끝마친 상태였는데, 결과물은 조그마한 디자인 하나였지만 무려 1억 5천만 원짜리 프로젝트였던 것이다.

　　그때 친구의 작업 과정과 프로젝트 규모를 비교해보면서 디자인이라는 것이 무척 재미있는 분야라는 생각이 들었다. 나는 좀 더 자세히 알아보기 위해 도서관에서 CI와 BI에 관한 책을 여러 권 빌려 읽기도 했는데, 알면 알수록 점점 매력적인 분야였다. 당시에 SK그룹은 기업을 상징하는 색깔을 파란색에서 빨간색으로 바꾸고, 로고 타입도 나비 모양으로 교체했다. SK는 이 작업을 외국의 유명한 디자이너에게 의뢰했고, 어마어마한 돈이 들어갔다고 한다. 그리고 디자인 교체에 따라 회사의 모든 대외적인 간판이나 유니폼, 명함 등을 일괄적으로 교체했는데, 그 비용도 상상을 초월하는 액수였다. 이렇게 입이 떡 벌어지는 액수를 투자해도 아깝지 않을 만큼 작은 마크 하나가 가진 위력은 엄청나다.

나는 중소기업에 CI 서비스를 합리적인 가격으로 제공한다면 분명 승산이 있을 것 같았다.

당시 대기업처럼 큰 투자를 할 수 없는 중소기업들은 명함이나 간판 등에 사용할 용도로 싼값에 CI, BI를 만드는 정도였다. 간판은 영문으로 되어 있는데 명함은 한글로 되어 있기도 하고 서체가 서로 다르기도 했다. 몇 가지 로고나 심벌마크를 동시에 사용하는 등 기본 체계조차 잡혀 있지 않은 회사가 수두룩했다.

"거창한 프로젝트를 따내자는 게 아니야. 비용에 민감한 작은 회사들을 공략하자는 거지."

합리적인 가격에 고품질의 디자인을 뽑아낸다면 기업에게도 상당한 도움이 되는 일일 거라고 여겨졌다. 단순한 돈벌이를 위해서가 아니라 대학생 창업자와 중소기업이 진정으로 윈-윈하는 바람직한 사업인 것이다.

"뜻은 좋은데, 이걸 우리끼리 하자고?"

"그래. 너는 디자인을 하고, 내가 기획과 영업을 하면 되지 않겠어?"

"사무실은?"

"학교 앞에 싼 사무실 빌리면 되지. 당장 시작하자."

나는 쇠뿔도 단김에 빼랬다고 사업자등록을 하고 사업계획서까지 일사천리로 만들었다. 회사 이름은 '아이덴티티(Identity)'를 줄여서 '아이덴'이라고 정했다. '회사의 정체성과 기업의 혼을 정립하는 데 도움을 주는 디자인 업체'라는, 나름 거대한 포부를 담은 이름이었다.

"영업은 어디서 할 거야?"

"종로로 가야지. 그곳에 삼촌이 계셔서 가봤는데, 작은 여행사들이 옹기종기 한 구역에 많이 몰려 있더라고. 한두 회사만 잘 공략해도 금세 소문이 날 거야."

당시 종로에는 두세 명 정도의 직원을 둔 작은 여행사들이 많았다. 그런데 그들의 간판이나 명함을 보니 눈에 들어오는 곳이 딱히 없었다. 영업하는 사람들은 명함이 얼굴인 셈인데, 디자인이나 색채 등을 보니 대충 만든 티가 역력했다.

"단가는 어떻게 책정할 거야?"

"우리는 가격을 시장가의 절반 수준인 20만 원대로 하고, 마음에 들어 할 때까지 수정해주자. 저렴한 비용에 무한 서비스!"

당시 디자인 업체들이 중소기업에 CI와 BI를 제작해주는 단가가 대략 50~60만 원 정도였다. 그리고 수정 작업도 두세 번 해주는 것이 전부였다. 마음에 안 들더라도 더 이상 추가 수정을 해주지는 않았다.

품질이 크게 만족스럽지 못한 데다 소규모 사업체들은 CI, BI의 필요성을 그다지 절실하게 느끼지 못하는 듯했다. 그러니 다시 돈을 들이면서까지 마음에 드는 CI, BI를 만들려고 하지 않는 것이다. 나는 그 틈새를 공략해보기로 했다. 마음에 드는 디자인을 뽑아주되, 비용은 기존 업체의 절반 이하로 책정해 부담을 줄여주는 것이다. 고객 입장에서는 그리 나쁘지 않은 제안이고, 학생 신분인 우리에겐 그 정도도 아주 큰 수익이니 어느 한쪽도 손해를 보는 일이 아닐 것이다.

○ 진심과 열정 그리고 요령까지 겸비하라

"너 정말 잘할 자신 있어? 영업이라는 게 그렇게 쉬운 게 아닐 텐데."

"자신 있어. 난 튼튼한 내 두 다리를 믿거든."

대학생 창업을 염두에 두고 있었던 터라 당시 나는 기업인들의 성공 비결을 다룬 '신화창조의 비밀'이라는 다큐멘터리 프로그램을 즐겨봤다. 그 프로그램에 나온 사람들의 공통된 성공 비결은, 아무리 어려운 상황도 열정과 발품으로 극복했다는 것이었다. 그래서 나도 발품을 파는 데 대해선 단단히 각오를 하고 있었다.

물론 열정에 요령까지 보태 나름대로 전략도 수립해두었다. 발품을 팔더라도 업체들이 한곳에 밀집해 있는 곳을 공략하면 똑같은 시간에 더 많은 곳을 돌 수 있다. 당시 종로나 동대문시장 주변에는 10여 층짜리 한 건물에 여러 여행사가 입주해 있는 경우가 많았는데, 그런 곳을 공략하면 하루에 100군데도 더 돌 수 있을 것 같았다. 그중에 두세 군데만 계약을 성사시켜도 하루에 40~50만 원의 매출을 올릴 수 있을 것이다. 발품과 디자인만으로 거두는 수익이니 교통비와 사무실 임대료를 빼면 모두 순수익이 될 것이다. 나는 이런 생각을 하는 것만으로도 신이 났다.

영업 첫날, 아버지 양복까지 꺼내 입고 종로로 나섰다. 실력 있는 영업사원으로 보이고 싶어서 007가방까지 챙겨들었다. 하지만 종로로 향하는 버스 유리창에 비친 내 모습은 영락없는 초짜였다. 당시 나는 학군단이었기 때문에 머리카락이 짧았다. 까까머리에 아버지 양복이라니, 얼마나 촌스러웠겠는가. 그래서인지 종로에 가까워질수록 나의 자신감은 점점 떨어져갔다. 시장조사를 하러 다닐 때만 해도 신나게 돌아다녔었다. 하지만 막상 양복에 서류가방까지 들고 산업전선으로 나오고 보니 영업이고 뭐고 엄두가 나지 않았다.

다시 한 번 심호흡을 크게 하고 용기를 내보았다. 그리고는 주위에서 제일 높은 건물의 꼭대기 층으로 향했다. 위층부터 한 층씩 내려가며 빌딩타기를 할 생각이었다. 첫술에 배부를 순 없겠지만 한 층 한 층 내려가다 보면 늘어난 자신감만큼이나 성과도 생길 거라 기대했다.

"저, 안녕하세요."

"어서 오세요, 고객님. 이쪽으로 앉으시죠."

내가 사무실 문을 열고 들어가자 여행사 직원이 자리에서 일어나며 친절하게 맞아주었다. 나는 잠시 머뭇거리다가 말했다.

"아, 예. 저는 아이덴이라는 회사에서 나왔습니다."

내가 누군지 밝히자 여행사 직원은 얼굴에서 미소를 거두고 다시 자리에 앉아버렸다. 나를 잡상인으로 본 것이다. 애써 끌어올려놓은 용기가 바닥으로 곤두박질쳤다. 나는 다시 움츠러들었다. 그렇다고 그냥 나올 수는 없었다. 기어들어가는 목소리로 겨우 말을 꺼냈다.

"저희는 기업의 CI와 BI를 만드는 업체고…."

"아, 됐어요. 우린 그런 거 필요 없어요."

사장님을 직접 뵙고 싶다고 말했지만 직원은 약속이 안 돼 있으면 곤란하다고 딱 잘라 말했다. 그리곤 혼잣말로 구시렁댔다. 얼른 나가달라는 것이었다. 다른 여행사라고 해서 결코 다르지 않았다. 평소 친구들이 '얼굴에 철판을 깔았다'고 말할 정도로 나는 대범한 성격이었다. 그런데 그날 나는 태어나서 처음 사람들의 무관심과 냉대를 경험하며 그야말로 쥐구멍에라도 들어가고 싶은 심정이었다. 부끄러움을 넘어 자존감까지 무너지는 것 같았다. 바위 같았던 자신감은 부서져 돌덩이가 되었다. 좌절감마저 들었다. 결국 그날 나는 단 한 건의 계약도 성사시키지 못한 채 다시 사무실로 돌아가야 했다.

'무조건 된다', '무조건 성공한다'라는 강한 확신도 무모하지만 내가 훌륭한 제품을 가지고 있으면 당연히 상대방이 호의적일 거라는 맹신도 사실 어이없는 착각이다. 나는 인생 최초로 제대로 된 '을'을 경험했다. 그리고 다른 사람의 마음을 사로잡기 위해서는 진심과 열정뿐만 아니라 요령까지 겸비해야 한다는 사실을 절실히 깨달았다.

낯선 사람이 문을 두드리면 경계부터 하는 것이 당연하다. 특히 무언가를 팔려고 온 사람에게는 더욱 그러하다. 그렇다면 나는 그들의 마음을 활짝 열게 할 요령부터 갖춰야 한다는 생각이 들었다. 궁리 끝에 생각해낸 것이 언젠가 마케팅 책에서 읽었던 '문전걸치기 기법(foot-in-the-door technique)'이었다. '문전걸치기 기법'은 일단 문부터 열게 하고, 그 다음 집 안으로 들어가 물을 한 잔 얻어먹은 뒤 본론을 이야기하는 방법이다. 그러려면 제품을 팔러 왔다는 사실은 뒤로 감추고 그들에게 도움을 주러 왔다는 사실을 더 부각시킬 필요가 있었다. 고민 끝에 '설문조사'라는 아이디어를 생각해냈다.

"대학생 동아리에서 나왔습니다. CI와 BI에 관해 설문조사를 하고 있는데 도움 좀 부탁드립니다."

어울리지 않던 아버지 양복과 007가방 대신 나는 평소의 옷차림 그대로 다시 종로를 찾았다. 그리고 당당히 대학생임을 밝히고 여행사를 돌며 설문조사를 부탁했다. 신기하게도 뭔가를 팔러 온 것이 아니라는 사실만으로도 그들은 나를 환영했다. 그때의 경험은 고객에게 제품을 파는 것이 아닌 가치를 나누고 도움을 주는 것이 더 우선되어야 함을 깨닫게 해줬다.

"우와! 사장님은 다른 사장님들과 다르게 CI와 BI에 관심이 많으시네요."

설문조사를 하다가 CI와 BI에 관심이 있는 회사라는 것을 알게 되면 좀 더 적극적으로 다가갔다.

"마침 제가 CI와 BI를 중요하게 생각하는 사장님들을 위해 따로 준비한 것이 있습니다."

이때 미리 준비해온 포트폴리오를 보여주며 설명을 하고 단가까지 슬쩍 흘려주면 대부분은 깜짝 놀랐다. 프로를 능가하는 디자인 실력인 데다 가격도 다른 곳의 절반 수준이니 그럴 만도 했다.

"음, 이 정도 실력에 이 정도 단가라면 한번 의뢰해 보고 싶은데."

다행히 곧바로 의뢰를 하는 곳이 생기기 시작했다. 그런데 워낙 단가가 싸다보니 의뢰하는 회사의 대부분은 큰 기대를 하지 않았던 것 같다. 나중에 결과물이 나오면 다들 상당히 만족하는 표정이었다. 이 일은 그 근방의 여행사들 사이에 금세 소문이 났다. 우리에게 CI, BI를 맡겼던 분들이 주변에 있는 여행사들에 우리를 소개해준 것이다. 덕분에 당시 우리의 한 달 매출은 최고 1천만 원이 넘기도 했다.

학생들에게는 매우 과분한 금액이었지만 나는 그때 매출액보다 더 큰 것을 얻었다고 단언한다. 그때의 경험은 이후 내가 사업가로서의 기반을 만들어가는 데 밑거름이 되었던 것이다. 돈은 결코 사업의 필수조건이 될 수 없다는 것을 알게 되었고, 고객이 미처 알지 못하는 니즈를 찾아낸다면 얼마든지 새로운 시장을 만들 수 있다는 것도 알게 되었다. 그리고 무엇보다도 고객에게 팔아야 할 것은 제품만이 아니라는 것도 알게 되었다. 고객이 기대하는 것보다 더 큰 만족을 가져다줄 때 무슨 일이 일어나는지 생생하게 경험하면서 얻은 지혜였다.

고객은 제품을 통해 얻을 수 있는 가치가 크면 클수록 더 큰 만족감을 느낀다. 고객이 우리에게 지불한 것은 20만 원이 전부였지만 우리가 고객에게 준 것은 그 몇 배에 달하는 가치였다. 우리의 디자인 덕분에 매출이 올랐고, 회사가 자리를 제대로 잡았다는 업체가 한둘이 아니었다. 단순히 회사의 정보를 알려주는 차원의 명함과 간판이 아니라, 말 그대로 좋은 이미지를 심어주는 디자인의 가치가 빛을 발한 것이다.

나는 가치를 창출할 때의 성취감이 어떤 것인지 제대로 느낄 수 있었다. 현란한 말솜씨와 그럴듯한 포장으로 제품이나 서비스를 판매하는 것이 아니라 내가 가진 것을 모두 쏟아부어 새로운 가치를 만들어낼 때의 희열은 대단했다. 게다가 단순한 재화의 교환 과정에 내가 있었던 것이 아니라 새로운 가치를 만들어내고 고객이 더 큰 이익을 창출하도록 돕는 역할을 한 것이다. 그에 대한 뿌듯함은 이루 말할 수 없을 정도로 컸다.

결코 거꾸로 가는 시계는 없다

대한민국 청년들에게 인생 최대의 늪은 무엇일까? 여성들의 경우는 모르겠지만 남성들 대부분은 아마도 '군 복무 기간'이라고 답할 것이다. 오죽하면 '국방부 시계는 거꾸로 간다'는 소리까지 나왔을까. 물론 나라와 국민을 지킨다는 사명감과 자부심은 그 어느 때보다 크고, 무엇과도 바꿀 수 없는 귀한 경험일 것이다. 그럼에도 불구하고 2년 가까운 시간 동안 학업이나 사회생활을 멈춰야 한다는 것은 큰 타격이 아닐 수 없다.

학군단을 마친 나는 임관이 되어 군에 입대했다. 장교로 군 복무를 하는 것이니 일반 사병들보다 군대라는 울타리에 대한 부담감은 덜했다. 그래도 군대는 군대인지라 나 역시 이전과는 다른 생활에 문득문득 갑갑함을 느끼곤 했다. 하지만 군 복무 기간 역시 내게 주어진 값지고 귀한 시간이기에 미래를 위한 노력을 멈추지 않았다. 덕분에 세상에서 가장 느린 시계가 걸려 있다는 군에서조차 내 시간은 숨 가쁘게 돌아갔다.

"토익? 너 이제 토익 공부해서 언제 취직하려고?"

근무가 끝나고 저녁 시간을 이용해 나는 때늦은 토익 공부에 열중했다. 대학 시절 취업을 위해 스펙을 쌓기는커녕 남들 다 한다는 토익 공부조차 하지 않았던 터라 더 열심히 해야 했다.

"늦은 만큼 더 열심히 해야지."

당시 나는 취업을 할지 창업을 할지에 대한 확신이 서지 않았다. 어떤 길로 가게 될지 아직 모르지만 일단은 내 앞에 놓인 두 갈래 길 다 최선을 다해 준비해두고 싶었다. 그래야 선택의 순간이 왔을 때 후회가 없을 것 같았다. 더구나 내가 군 복무를 하던 2008년에는 제2의 외환위기라고 할 정도로 경기가 안 좋았고, 그만큼 취업 문턱도 높아져 있었다. 창업이라고 쉬울 리가 없었다. 그래서 더더욱 다방면으로 열심히 준비하지 않으면 안 되었다. 당시 나는 취업에 대비해 회사나 산업에 대한 공부도 많이 했는데, 그것은 이후 창업을 할 때도 많은 도움이 되었다.

"뭘 그렇게 열심히 메모하십니까?"

"아, 저 국통 말이야. 건더기가 아래로 다 가라앉아서 먼저 배식을 받는 애들은 건더기 없이 국물만 먹게 되잖아. 저거 조금만 연구하면 국물과 건더기가 골고루 섞이게 할 수 있을 것 같은데."

"하하! 또 창업 아이템을 연구하시는 거군요."

취업 준비와 더불어 창업에 대비한 나의 연구도 계속되었다. 학창시절 세심한 관찰을 통해 다양한 아이템을 생각해냈듯이 군대 안에서도 곳곳에서 아이디어를 생각해냈다. 그럴 때마다 나는 꼼꼼히 메모를 해두었다.

밥을 먹고 돌아서면 금방 배가 고픈 장정들이다 보니 국 하나로 싸움이 나기도 했다. 특히 고깃국이 배식되는 날이면 국물이 많니 건더기가 많니 하며 다투곤 했는데, 그런 병사들의 모습이 귀엽기도 하고 안쓰럽기도 했다. 배식 국통을 조금만 개선하면 그런 사소한 다툼은 사라질 듯했다.

"국통 안에 또 하나의 통을 넣고 그 아래에 구멍을 뚫는 건 어떨까?"

"네? 왜 국통 안에 통을 하나 더 넣어요? 거기다 구멍은 또 왜?"

"국물을 먼저 푼 다음 페달을 밟아 안쪽의 통을 올리면 구멍 사이로 국물은 빠져나가고 건더기만 올라오는 거지. 그럼 건더기는 집게로 퍼주는 거야. 어때? 그렇게 하면 국물과 건더기가 골고루 배식되지 않을까?"

"헤헤, 뭔진 잘 모르겠지만 전 무조건 소대장님을 응원합니다. 얼른 개발하셔서 우리의 한도 풀어주시고 대박도 나십시오!"

사병들을 붙잡고 종종 이런 아이디어들을 풀어내다보니 그들은 전역 후의 내 모습이 기대된다며 힘찬 응원을 보내줬다.

○ 사업가의 눈을 장착하다

"넌 어디에 원서 냈어? 요즘 취업난이 장난 아니던데, 정말 걱정이다."

전역 때가 다가오자 학군단 동기들은 취업 소식과 정보를 알려고 수시로 연락을 주고받았다. 극심한 취업난 때문에 모두가 전역 이후의 새로운 삶에 대한 기대보다는 불안한 미래에 대한 걱정이 더 컸다.

나도 취업을 할지 창업을 할지에 대한 확신이 서지 않았던 터라 동기들처럼 몇 군데 회사에 취업원서를 냈다. 부모님께서도 은근히 내가 취업을 하기를 바라셨다. 창업을 하더라도 군에서 전역하자마자 당장 시작하는 것은 너무 이르다고 생각하셨다.

나로서는 선택의 기로에 선 셈이었다. 어떤 선택이 좋을지 고민을 거듭할 수밖에 없었다. 창업에 마음이 기울어 있다고 해도 쉽게 결론을 내리지는 못했다. "너무 소심하고 까다롭게 자신의 행동을 고민하지 마라. 모든 인생은 실험이다. 더 많이 실험할수록 더 나아진다"라는 랠프 월도 에머슨의 말처럼 실험 정신으로 뛰어들어야 하는데, 자꾸만 머뭇거리게 됐다. 늘 해왔던 것처럼 나는 창업과 취업을 두고 장단점을 쭉 적어봤다. 그리고 주위에 조언도 구했다.

"취업부터 하는 게 좋지 않겠어? 나중에 창업을 하더라도 회사라는 조직과 일을 경험해보는 게 도움이 될 것 같은데."

"무턱대고 창업을 하는 건 위험하지 않을까? 위험부담을 줄이려면 우선 네가 창업하고 싶은 분야에 취업해서 10여 년 정도 경험을 쌓는 게 좋을 것 같은데. 인맥도 쌓고 전문가로 성장도 하고 말이야. 그런 뒤에 창업을 하면 성공 가능성이 높아질 거란 말이지."

주변에선 예상대로 안정적인 일자리부터 구해서 경험을 쌓으라는 조언을 많이 했다. 고민은 깊어졌지만, 마음은 갈수록 나만의 브랜드를 만드는 쪽으로 기울었다.

"그때쯤이면 나도 결혼하고 아이도 있을 텐데, 나한테 그런 모험을 할 용기가 남아 있을까?"

회사 생활을 하는 시간이 아깝게 느껴지기도 했고, 취업을 해서 10년 정도를 보낸 뒤에 회사 문을 박차고 나올 수 있을지도 자신할 수 없었다. 샐러리맨으로서의 삶에 적응되어 창업에 대한 의지가 상당히 꺾여 있을지도 모른다. 또 마음이 콩밭에 가 있는데, 취업을 한들 거기서 열심히 일할 수 있을지도 장담할 수 없었다.

마음이 점점 창업 쪽으로 기우는 데는 또 다른 이유가 있었다. 사실 나는 이미 사업 아이템으로 꼭 해보고 싶은 것이 있었다. 대학 시절은 물론 군 복무를 하면서도 나는 다양한 사업 아이템들을 생각하고 메모해두었었다. 그중 강력하게 내 마음을 끄는 것이 있었는데, 바로 한국 전통차 테이크아웃 사업이었다.

2005년에 친구와 동업으로 CI, BI 디자인 사업을 할 때였다. 영업을 다니던 종로와 여의도 거리에서 나는 눈이 휘둥그레질 정도의 진풍경을 목격했다. 점심식사를 마친 샐러리맨들이 약속이라도 한 듯 모두 한 손에 테이크아웃 커피를 들고 다니는 것이었다. 지금이야 자연스러운 풍경이 됐지만 당시의 나에게는 마냥 신기한 모습이었다.

"어! 언제 이런 소비문화가 생겼지?"

당시 대학가에는 요즘처럼 카페가 많지 않았다. 주점과 밥집이 대부분이었고 프랜차이즈 카페도 거의 없었다. 당연히 테이크아웃 커피 매장도 없었다. 그런데 유행이 빠른 사무실 밀집 지역에서는 이미 내가 모르는 새로운 문화가 만들어져 유행하고 있었다.

"뭐야, 커피 한 잔 값이 밥값과 맞먹잖아. 그런데도 저걸 마셔?"

놀랍게도 커피 한 잔 가격이 대학교 교내 식당의 밥값과 비슷한 수준이었다.

"오! 저거 잘하면 좋은 아이템이 되겠는 걸."

나는 눈앞에 펼쳐진 놀라운 광경을 그저 구경꾼이 아닌 사업가의 눈으로 바라보기 시작했다. 순간, 나는 사람들이 들고 다니는 컵에 커피가 아닌 한국의 전통차를 담으면 어떨까 하는 생각이 들었다. 이미 식사 후 커피를 즐기는 디저트 문화가 만들어져 있으니 그 손에 커피 대신 전통차를 들게 하면 된다. 그것은 손에 아무것도 들고 있지 않은 사람에게 "식사 후에는 전통차를 드셔야 합니다"라며 새로운 문화를 전파하는 것보다 상대적으로 쉬운 일일 것 같았다.

"왜 커피가 아닌 전통차지?"

당시 내 아이디어를 친구에게 말했더니 무척 의아해했다. 이미 대중적인 음료인 데다 테이크아웃 시장으로 발전하기까지 한 커피를 두고 왜 군이 전통차에서 답을 찾느냐는 것이었다.

"난 사람들에게 도움이 되는 사업을 하면서 돈을 벌고 싶어."

월드컵 때 붉은 악마 티셔츠를 팔고 CI, BI 디자인 사업을 하면서 나는 사람들에게 기쁨과 즐거움, 가치를 전하는 일이 얼마나 가슴 뛰는 일인지를 온몸으로 느꼈다. 돈을 받은 사람은 나인데 고마워하는 쪽은 오히려 고객이었다. 그들의 인사는 돈 이상의 가치와 도움을 받았노라는 인정이었다. 그래서 나는 내가 만일 창업을 한다면 반드시 사람들에게 도움이 되는 아이템을 선택하겠다는 소신을 갖게 되었다. 나 자신에게 떳떳할 뿐만 아니라 그것이 결국 기업의 성공과 영속성을 보장해줄 것이라고 믿었다.

○   **때는**
     기다리는 것이
     아니라 만드는 것   전역 전 마지막 휴가 때 나는 전통
                              차 테이크아웃 사업에 대해 더 강
                              한 확신을 얻기 위해 삼촌을 찾아

갔다. 이전까지 여러 지인들에게서 조언과 격려의 말을 들으며 내
마음은 창업 쪽으로 더 기울고 있었다. 하지만 여전히 강한 확신은
없던 터였다.

삼촌은 종로에서 오랫동안 여행사를 운영하고 계셨다. 마침 내
가 전통차 테이크아웃 전문점을 하려고 점찍어 둔 곳이 종로였기
에 삼촌을 통하면 상권이나 사업 아이템에 대해 좀 더 냉철한 조언
을 들을 수 있을 것 같았다.

"언제 이런 걸 다 알아봤어?"

전통차라는 구체적인 아이템을 비롯해 첫 점포를 어느 지역에
개점할지, 판매방식은 어떻게 할지 등에 대한 설명을 드리자 삼촌
은 놀랍다는 표정을 지으셨다.

"지난 번 디자인 사업을 할 때 종로에서 영업을 했잖아요. 그때
문득 떠오른 생각이었어요."

"그런데 한국의 전통차를 어떻게 생각해냈어? 너같이 젊은 청
년이 그런 아이템을 생각하기는 쉽지 않은 일인데."

"커피가 그다지 몸에 좋은 음료는 아니잖아요. 전 창업을 해서
돈도 벌고 싶지만 무엇보다도 사람들에게 도움을 주면서 돈을 벌
고 싶거든요."

57

어렸을 때부터 나는 한국의 전통차를 즐겨 마셨다. 어머니가 가족들이 마실 물을 끓이실 때 이것저것 약재와 찻잎을 조합해서 넣으셨는데, 그래서인지 우리 가족은 이렇다 할 병치레 없이 모두 건강했다. 특히 결명자차를 즐겨 마신 덕분인지 아직도 내 시력은 2.0, 1.5를 자랑하고, 우리 가족들 역시 시력이 좋은 편이다.

나는 업무에 지친 직장인들이 커피 대신 한국의 전통차를 즐겨 마시면 건강에 도움이 되겠다는 생각이 들었다. 특히 테이크아웃 방식으로 판매한다면 가격 부담도 크지 않아 물처럼 항상 옆에 두고 마실 수 있을 것 같았다.

"담배 피우는 친구들을 보며 도라지즙에 대해 한번 연구해봤어요. 단가 책정을 위해 도라지 농장에 전화도 걸어보고요."

확신이 있어서 그랬던 건 아니다. 그저 이것저것 연구를 하다 보면 뭔가 선명한 길이 보일 것 같아서였다. 이런 나의 이야기에 삼촌은 연신 고개를 끄덕이셨다. 그리고는 조용히 당신의 의견을 말씀해주셨다.

"난 네가 대학생 때 영업을 하기 위해 빌딩타기 하는 것을 보고 많이 놀랐단다. 그때의 그 열정이라면 넌 뭘 해도 성공할 거야."

삼촌은 오랜 세월 사업가로 살아오신 분이라 그런지 말씀을 진중하게 하시는 편이다. 그리고 웬만해서는 칭찬도 잘 안 하시는 분이다.

"대학교 3학년인 내 조카 알지? 그 녀석이 얼마 전에 대학생 창업을 했다고 하면서 영업을 하러 종로에 왔더군. 그런데 그 녀석이 나도 안 했던 빌딩타기를 하는데, 그 열정에 내 입이 떡 벌어졌어. 하하."

CI, BI 영업을 할 때였다. 마침 근처를 지나는 길이라 삼촌 회사에 들른 적이 있었다. 사무실에 막 들어서려고 할 때 안쪽에서 유쾌한 대화소리가 들려왔다. 삼촌이 친구분들께 내 자랑을 하고 계셨다. 삼촌의 평소 성품을 잘 알고 있던 나는 삼촌에게 인정을 받은 것 같아 너무 뿌듯하고 기분이 좋았다.

"취업이든 창업이든 넌 그 열정만 유지한다면 분명 성공할 거야."

삼촌은 다시 그때의 일을 말씀하시며 나를 칭찬해 주셨다.

"그런데 난 네 열정을 다른 회사가 아닌 네 사업에 쏟았으면 한다. 삼촌이 볼 때 넌 충분히 할 수 있어."

당시 나는 이미 대기업 두 군데서 합격 통보를 받은 상태였다. 그래서 더 이상 창업에 대한 막연한 고민이 아닌 나 자신을 설득할 수 있을 만큼의 확신이 필요했다. 나는 다시 삼촌에게 의견을 구했다.

"삼촌이 판단하시기에 전통차 테이크아웃 사업이 승산이 있다고 생각하세요?"

"충분히 승산이 있지! 너도 알다시피 내가 종로에서만 십수 년이잖니. 이 정도로 사무실이 밀집한 지역이라면 금방 입소문이

날 거야. 더구나 네 말처럼 사람들의 건강을 위하는 일이니 사업 자체의 가치도 크고."

"정말 그렇게 생각하세요?"

삼촌의 적극적인 응원이 너무 반가워 나는 재차 확인을 했다. 삼촌은 내가 그 사업을 하지 않으면 아예 당신이 하시겠다면서 내게 확신을 가지고 열정적으로 도전해보라고 말씀하셨다.

삼촌의 응원과 격려는 내게 너무나 큰 힘이 되었다.

나는 삼촌에게 인사를 하고 서둘러 밖으로 나왔다. 남은 휴가 기간 동안 점포 자리까지 확실히 정해두어야겠다는 생각이 들었기 때문이다.

"잘 지내셨어요? 좋은 점포가 났나 싶어 들러봤어요."

"아니, 자네 군인이라고 하지 않았나? 그런데 어떻게 또?"

내가 우렁찬 목소리로 인사를 하자 부동산중개소에 있던 사람들이 내 얼굴을 알아보고는 눈이 동그래졌다. 군인 치고는 너무 자주 부동산중개소에 들르니 의아했던 모양이다. 휴가 때마다 종로에 들러 점포를 알아보고 다녔으니 그럴 만도 했다. 창업에 대한 확신은 없었지만 휴가를 그저 친구들과 술만 마시며 흘려보내는 게 싫었다. 그래서 미래에 대한 준비를 하며 최대한 바쁘게 움직였다. 특히 내가 원하는 지역에서 최고의 매물을 구하려면 열심히 발품을 파는 것만이 최선이라고 믿었다.

"그새 또 좋은 자리가 나왔나 싶어서 들렀습니다. 이제 몇 달

후면 전역이라 미리 준비를 하는 게 좋을 것 같아서요."

"하하. 요즘 젊은이들은 우리 때와 달리 지나치게 야무지다니까. 아무튼 자넨 정말 운이 좋아. 마침 어제 적당한 점포가 하나 나왔거든."

휴가 때마다 들러 얼굴 도장을 찍었던 덕분인지 다행히 그분은 내 부탁을 기억하고 계셨다.

"감사합니다. 어서 보러 가시죠!"

나는 방금 의자에 붙였던 엉덩이를 서둘러 떼며 걸음을 재촉했다. 부대 복귀까지 48시간도 채 남지 않았다. 편안한 의자에 앉아 시간을 죽이든 얼른 몸을 일으켜 앞으로 나아가든 그것은 오로지 나의 선택에 달려 있다. 나는 늘 그랬듯이 전진을 택했다.

내 시계의 주인은 분명 나다. 설령 그 시계가 세상에서 가장 천천히 간다는 국방부의 시계라 할지라도 내 의지를 꺾을 수는 없었다. 더군다나 창업에 대한 확신이 선 이상 내 황금시계는 오로지 전진만 할 뿐이었다.

창업 아이템, 가장 관심 있는 것을 파라

창업을 하는 데 있어 자본만큼이나 중요한 것이 창업 아이템(아이디어)이다. 실제로 창업 자금은 마련돼 있지만 '어떤 아이템으로 창업을 해야 하는가'에 대한 답을 찾지 못해 창업을 망설이는 경우도 많다. 그런데 창업 아이템을 찾는 방법은 의외로 간단하다. 바로 '내가 무엇을 자주, 그리고 많이 구매하는가?'에 대한 질문에서 시작하면 된다.

우리는 일상에서 끊임없이 무언가를 구매한다. 그런데 자신의 구매 패턴을 분석해 보면 내가 어느 분야에 흥미가 있는지 분명히 알 수 있다. 예를 들어, 모바일 게임을 즐기는 사람은 그렇지 않은 사람에 비해 모바일 게임 유료 서비스를 이용하거나 유료 아이템을 살 가능성이 높다. 운동화에 관심이 많은 사람은 해외 직구 사이트 등을 통해 운동화를 구매, 수집할 가능성이 높다. 이처럼 본인이 좋아하고 흥미를 가지는 분야에서 창업 아이템을 찾는다면 성공 가능성이 높아질 것은 두말할 나위도 없을 것이다.

온라인에서 여행용품 쇼핑몰을 운영하고 있는 '트래블메이트'의 김도균 대표가 이 경우에 해당한다. 그는 30대에 회사를 퇴사하고 창업 아이템을 찾던 중 본인이 여행을 좋아해서 관련 용품을 많이 산다는 점을 알아차리고 2001년 여행용품 전문 쇼핑몰을 출범시켰다. 트래블메이트는 현재 연매출 200억 원 규모에 두 자릿수의 영업이익률을 기록하고 있으며, 인천공항점 등 열다섯 군데에 오프라인 매장을 열었는가 하면, 해외 진출도 활발히 하는 전문 유통사로 발전했다. 또 얼마 전에는 모 투자사가 김도균 대표의 지분 90% 이상을 무려 250억 원 정도에 인수해 화제가 되기도 했다.

본인의 구매 패턴을 분석해 창업 아이템을 선정하는 것은, 창업 준비 과정에서 꼭 필요한 시장과 타깃 분석 과정을 압축할 수 있다. 어떤 아이템이건 그것을 사업화하기 위해서는 소비자 입장에서의 불편사항과 어떤 단계를 거쳐 구매 의사를 결정하는지 파악할 필요가 있다. 그런데 본인이 직접 구매해본 경험이 있다면, 자연스럽게 그 부분에 대한 통찰을 얻을 수 있다. 이는 본인이 제공하려는 상품과 서비스의 차별화를 시도하는 데 굉장히 유용하다. 또 경쟁사 및 시장환경 분석도 자연스럽게 이뤄지게 된다.

한편 프랜차이지(프랜차이즈 가맹점)로서 창업 아이템을 선택할 때는 차별화 전략 없이 단순히 선두주자를 모방하는 브랜드는 반드시 피해야 한다.

2014년, 우리나라 디저트 시장에 빙수 열풍을 불러일으킨 주역은 단연 '설빙'이었다. 설빙은 부드러운 빙질의 인절미눈꽃빙수와 합리적인 가격으로 단숨에 국내에 800호점까지 가맹점을 확대하는 등 폭발적인 성장세를 보여주었다. 그러자 시장에는 모방 브랜드들이 쏟아져 나왔다. '빙설', '설화빙수', '콩고물', '파시야' 등 설빙을 거의 그대로 따라한 브랜드들이 수없이 쏟아져 나온 것이다.

2015년에는 '쥬씨'가 저가 주스 돌풍을 일으키며 단숨에 국내에 매장을 800개까지 늘렸다. 그러자 역시 '쥬스식스', '쥬스플러스', '주시', '떼루와' 등 모방 브랜드들이 우후죽순으로 생겨났다. 그런데 3년이 지난 지금, 앞다퉈 생겨났던 모방 브랜드들의 운명은 어떻게 됐을까? 굳이 얘기하지 않아도 알 것이다.

▶ 본인의 아이템을 사업 모델화하기 위해 전문가의 의견을 구하거나 멘토링을 받길 원한다면, 창조경제혁신센터(ccei.creativekorea.or.kr)와 창조경제타운(www.creativekorea.or.kr) 사이트를 추천한다.

길은 걸음을 뗄 때 만들어진다

"아들, 네가 뭘 하든 우리는 무조건 널 믿어."

부모님은 무한한 사랑과 믿음으로 늘 내 선택들을 응원해주셨다. 하지만 이번만큼은 달랐다. 내가 취업과 창업을 동시에 고민하고 있다는 것을 아신 후로는 슬쩍슬쩍 염려의 말을 내비치기도 하셨다. 취업과 창업은 지금까지의 선택들과 달리 인생의 큰 줄기가 달라지는 것이니 어쩌면 당연한 염려셨다.

부모님의 마음은 너무나 감사했다. 그럼에도 나는 내 길을 걸어가야 했다. '무엇을 할 때 더 행복한가', '지금이 아니면 그것을 할 수 없는가' 등 수많은 질문들을 나 자신에게 던졌고, 그 끝에서 찾은 길이었다. 확신이 강해진 만큼 이제는 부모님께 내 의지를 진중하게 말씀드릴 필요가 있었다.

"어느 회사로 선택했니?"

부모님은 어느새 내가 당연히 취업을 선택할 거라고 여기고 계셨다. 이미 대기업 계열사 두 군데서 합격통지서까지 받은 터라 더더욱 그렇게 생각하시는 것 같았다.

"어머니, 저는 두 군데 다 가지 않겠습니다. 저는 창업을 할 겁니다."

의외의 대답에 부모님은 당황하셨다. 창업에 대해 염려하는 마음 때문이기도 하셨지만 합격한 회사 한 군데에서는 꽃바구니와 대표의 친필이 담긴 축하 편지까지 보내왔던 터라 내심 그곳을 선택하길 바라셨던 모양이다.

"이렇게 너를 생각해주고 정성을 다하는 회사라면 다시 생각해볼 만하지 않겠니?"

"제 생각에는 변함이 없습니다. 조만간 두 분께 제 사업계획에 대해 상세히 설명드릴게요. 저는 두 분이 언제나처럼 저를 믿고 응원해주셨으면 좋겠어요."

내 뜻이 확고해 보였는지 두 분은 더 이상 반대하지는 않으셨다. 하지만 여전히 염려와 불안의 눈길을 거두지는 못하셨다. 당연한 일이었다.

벤저민 디즈레일리는 "당신이 정말로 무언가를 원한다면 당신은 길을 발견하게 될 것이다"라고 했다. 물론 길은 어느 날 갑자기 우연하게 발견되는 것이 아니라 확신을 가지고 성큼성큼 내딛는 그 걸음에서 찾아지는 것일 게다. 나는 두 분께 더욱 꼼꼼한 계획과 준비로 내가 선택한 길이 어떤 것인지 좀 더 명확하게 보여드리기로 했다. 그러다보면 나 자신에게도 더 강한 확신이 생길 테고 부모님의 염려도 조금은 덜어드릴 수 있을 것 같았다.

○ 신뢰라는 자본을 축적하라

"너 창업한다며? 정말 부럽다!"

"창업 그거 신중해야 한다던데, 너 정말 자신 있어?"

창업을 한다니 여기저기서 부러움과 걱정의 눈길을 보내왔다. 결심만 섰을 뿐 그것을 구현해낼 구체적인 계획은 아직 제대로 갖춰지지 않은 상태였다. 특히 종로 한가운데에 매장을 얻으려니 자본금이 만만치 않게 들 것 같았다. 테이크아웃 매장이라 두세 평 정도면 족했지만 이제 갓 사회에 나온 내게는 그 또한 큰돈임에 분명했다.

군대를 전역하면서 받은 퇴직금과 그동안 창업을 염두에 두고 꾸준히 들어뒀던 적금 등이 있긴 했다. 그러나 그 정도 자금으로는 어림없었다. 궁리 끝에 나는 학군단 동기들 중에서 비교적 경제적으로 여유가 있는 이들에게 창업 아이템에 대해 설명하고 투자를 권했다.

"좋아. 너 믿고 내 퇴직금을 투자할 테니 꼭 성공해야 한다."

"너 대학 때도 디자인 사업 잘해냈으니 이번에도 잘할 거야. 믿고 투자해볼게."

다행히 나의 아이템에 공감한 몇몇 동기들이 투자를 결정해 주었다. 그 정도면 일단 출발은 할 수 있을 듯했다.

창업을 준비하는 과정은 몸이 열 개라도 모자랄 정도로 바빴다. 자금 마련도 중요한 일이었지만, 무엇보다 창업 아이템을 구체적으로 정리해야 했다. 그러려면 전통차에 대한 깊이 있는 공부가 필수였고, 그것을 기반으로 메뉴들을 만들고 실제로도 만들어내야 했다. 그와 동시에 점포를 정하고 전통차 테이크아웃이라는 콘셉트에 맞게 인테리어 디자인을 해야 하는 등 할 일이 한두 가지가 아니었다.

할 일이 많았던 만큼 나는 창업을 결심한 뒤로는 마치 돌아갈 다리를 끊고 가는 장수처럼 앞만 보고 내달렸다. 사업적인 조언을 구할 멘토는커녕 도와주는 이 하나 없이 혼자 모든 것을 다하려니 잠자는 시간도 아껴가며 달리는 수밖에 도리가 없었다.

"어머니, 아버지. 두 분 잠깐 이리로 오시겠어요?"

모양새가 제법 갖춰진 사업계획서가 완성되자 나는 부모님께 가장 먼저 보여드렸다.

"하하. 우리 아들이 뭔가 대단한 발표를 할 모양인데."

"지금부터 제가 두 분께 사업계획 프레젠테이션을 하도록 하겠습니다."

나는 거실에 있는 피아노 위에 노트북을 올려놓고 화면에 사업계획서를 띄웠다. 그리고는 마치 투자자에게 브리핑을 하듯 단정한 자세를 취하고 차근차근 설명을 해나갔다.

"제가 준비 중인 사업은 한국 전통차 테이크아웃 사업입니다. 전통차라고 해서 인사동 전통찻집을 생각하시면 안 됩니다. 한국고유의 단아함과 정갈함, 그리고 훈훈한 정을 담아내되 젊고 세련된 이미지의 브랜드를…."

나는 최선을 다해 준비한 것들을 부모님께 모두 보여드렸다. 사업계획서에는 회사의 조직도까지 포함되어 있었다. 각각의 직책과 역할에는 내가 생각하고 있는 인물들의 이름을 적어두었다. 각자의 책임이 크다는 것을 보여주기 위해 직책도 'CEO', 'CDO' 등으로 표현했다. 작은 테이크아웃 점포를 내면서 너무 거창한 것인지도 모른다. 하지만 어설프게 구멍가게를 하려는 것이 아니라는 것을 보여드리고 싶었고, 실제로 나의 각오가 그러하기도 했다. 시작은 비록 두세 평 작은 점포에서 하지만 내 가슴은 이미 세계를 품고 있었다.

"우리가 짐작했던 것보단 훨씬 더 구체적이고 멋진 계획이구나. 그런데 돈은? 돈은 어쩔 계획이냐?"

"네. 그 부분도 계획이 다 있습니다. 창업 초기에 들어갈 비용은 총 1억 원을 예상하고 있습니다. 그중 절반이 매장 임대와 관련한 고정비용으로 들어갈 예정입니다. 나머지는 제품 개발과 비품 구입, 인테리어 등에 쓰일 예정입니다."

나는 내가 마련해둔 돈이 대략 5천만 원 정도이고, 나머지는 외부의 투자를 받을 계획이라고 말씀드렸다.

"나머지 5천만 원은 남에게 빌린다는 말이냐?"

"네, 그렇습니다. 제가 가진 돈으로는 제가 바라는 상권에서 그 일을 시작할 수 없습니다."

나는 창업에 필요한 나머지 자금을 이미 학군단 동기들이 투자하기로 약속했다고 말씀드렸다.

"투자 받은 돈은 전부 매장 임대보증금으로 쓸 예정입니다. 설령 사업에 실패하더라도 그 돈은 보증금이라 회수가 가능하니, 빌린 돈은 반드시 갚을 수 있습니다."

나는 만에 하나 사업에 실패하더라도 나를 믿고 도와준 이들에게는 절대 피해가 돌아가지 않게 하겠다는 것을 거듭 강조해서 말씀드렸다. 내가 어렵사리 모았던 돈을 모두 잃는다 해도 이 또한 값진 경험으로 받아들이겠노라는 말씀도 잊지 않았다.

내 이야기를 다 들으신 두 분은 한동안 말씀이 없으셨다. 그리곤 짧은 논의 후 마음을 굳히신 듯 단호히 말씀하셨다.

"그 정도 각오라면 그 돈은 우리가 투자하마. 대신 정말 최선을 다해 열심히 해야 한다. 알지?"

부모님이 여윳돈을 풍족하게 가지고 계신 게 아니었기 때문에 나는 감사함 못지않게 무거운 책임감을 느꼈다. 부모님의 노후를 더 여유 있게 해드리지는 못할 망정 피해를 끼치는 건 아닌가 싶어 결심을 더욱 굳게 다졌다.

"1호점을 연 뒤에 2호점과 3호점 등 곳곳에 제 브랜드의 매장을 낼 계획이에요. 기필코 글로벌 브랜드로 성장시키겠습니다."

이렇게 창업을 위한 자본금이 마련됐다. 이후 나는 본격적으로 제품 개발에 뛰어들었다. 그동안 꾸준히 관찰해온 테이크아웃 음료 시장에 대한 자료를 수집하고 분석했으며, 접할 수 있는 전통차들은 모조리 찾아서 시음하고 맛을 분석했다.

"배와 도라지를 넣어 달인 차다. 마셔봐."

전통차로 아침을 열고 전통차를 마시며 밤을 지새우는 나날이 이어졌다. 전통차 맛을 잡아가는 데는 평소 차에 대해 조예가 깊으신 어머니가 많은 도움을 주셨다. 또 군대에서 만난 소대원의 아버지가 종로에서 꽤 유명한 한의원을 하고 계셨는데, 그분도 제품 개발 연구팀에 참여해주셨다.

창업을 준비하다 보면 분명 타인의 도움이 필요한 순간이 온다. 자본이나 기술력은 물론 인맥, 심지어 땀 한 방울까지 아쉬울 때가 있다. 물론 대가를 충분히 지불할 수 있다면야 굳이 지인에게 도움을 받을 것이 아니라 거래를 하면 된다. 하지만 창업 초기에는 대부분 돈이 넉넉지 않은 상황인 데다 무엇보다 내 일처럼 정성을 다해 함께해줄 사람이 필요하다.

나는 창업을 준비하는 과정에서 주위 사람들과의 관계, 특히 신뢰의 중요성에 대해 크게 깨달았다. 아무리 부모 자식 간이라 해도 신뢰가 없으면 도움을 주고받기는커녕 분란이 일어날 수도 있다. 자신의 뜻을 펼치려면 기발한 아이디어나 실행력 못지않게 주변 사람들과 신뢰를 쌓아야 한다. 신뢰가 없다면 도와줄 사람도, 지원도 기대하기 어렵다. 혼자서는 아무것도 할 수 없으니 뜻을 펼치기도 전에 주저앉을 수밖에 없다.

'신뢰는 보이지 않는 자본'이라는 말이 있다. 보이지 않기 때문에 소홀히 생각할 수 있지만, 비즈니스에서 신뢰는 반드시 갖춰야할 무형의 자본이다. 아무리 뛰어난 인재들이 모여 있고, 많은 돈을 가지고 있어도 신뢰라는 자본이 없으면 모래 위에 지은 집처럼 위태로울 수밖에 없다.

신뢰는 '제발 나를 믿어 달라'는 말만으로 형성되는 것이 아니다. 하루아침에 생겨나지도 않는다. 부모님이나 학군단 동기들이 선뜻 나에게 투자를 하기로 결심한 것은 평소 내가 그들에게 보여줬던 진정성 때문일 것이다. 대박을 바라는 허황된 모습이 아닌 세심한 관찰을 통해 아이디어를 찾고, 그것을 구현할 방법들을 성실하게 찾아나갔기에 가능한 일이었다.

ㅇ   데드라인을
         반드시
         지키라

창업 단계에서 가장 중요한 일 중 하나가 점포 계약이다. 위치도 좋아야 하고 보증금이나 권리금 등도 예산에 맞아야 한다. 더구나 나 같은 경우는 테이크아웃 음료 매장을 구상하고 있었기 때문에 두세 평 정도의 미니 점포여야 했다. 비교적 까다로운 조건이었기에 나는 군 복무 기간 중에도 휴가 때마다 종로를 돌며 적당한 점포를 물색하고 다녔다.

"좋은 자리가 하나 나왔는데 말이지…."

전역하고 얼마 지나지 않아 부동산중개소 소장님이 내가 바라던 위치에 좋은 점포가 나왔다며 연락을 주셨다. 그런데 권리금이 내가 잡은 예산을 훨씬 웃도는 액수라며 난감해했다. 나는 점포를 본 후 판단하자며 즉시 부동산중개소로 향했다.

점포는 꽤 마음에 들었다. 목도 나쁘지 않고 상권도 내가 바라던 구역 안에 있었다.

"그런데 권리금을 8천만 원이나 달라지 뭐야. 내가 어떻게든 구슬려서 5천만 원 정도로 내려볼게."

테이크아웃 커피 전문점 자리인데, 당시 그 점포를 운영하는 분은 권리금을 1억 원이나 주고 들어왔다고 했다. 그런데 영업시간이 들쑥날쑥한 데다 아예 며칠씩 문을 닫는 날도 허다해 하루 매출이 10만 원을 넘기지 못한다고 했다. 무료한 시간을 달래보려고 점포를 차렸는데 그게 오히려 족쇄가 되니 손해를 보더라도 얼른 나가고 싶어 한다는 것이었다.

"5천만 원도 많이 받는 거예요. 사실 이렇게 다 죽어버린 가게를 누가 권리금을 그만큼이나 주고 들어온답니까. 한다는 사람 있을 때 얼른 털어버리세요."

부동산중개소 소장님은 1억 원의 권리금을 결국 몇 마디 말로 반 토막 내버렸다. 놀랍기도 하고 신기하기도 했지만 그다지 만족스럽진 않았다. 점포 보증금도 따로 내야 하는데, 권리금이 5천만 원이라니! 처음보다 많이 내려갔지만 여전히 내겐 부담스러운 금액이었다.

그런데 인연이 되려고 그랬을까? 건물 관리인이 갑자기 거래에 끼어들어 자신의 권리를 주장하고 나섰고, 거기에 놀란 점포 주인이 내 손을 꽉 붙잡는 것이었다. 나는 한 번 더 가격 조정을 해볼 여지가 있겠다 싶었다. 고급 외제 승용차를 타고 다니는 것으로 보아 사는 게 여유로운 듯했다. 조금만 더 밀고 당기면 내 예산에 맞는 액수로 조정이 될 것 같았다.

"죄송합니다. 아무리 생각해도 5천만 원은 제게 너무 부담이 되네요."

"그럼 얼마 정도로 생각하세요?"

"제가 최대치로 드릴 수 있는 건 3천만 원이 전부입니다. 만약 그렇게 해주신다면 제가 관리인도 설득해보겠습니다."

권리금이 처음 금액에서 절반으로 줄어든 것은 감사한 일이었지만 내 형편에는 3천만 원이 최대치였다. 나는 솔직하게 내 상황을 얘기했고, 다행히 그분도 내 제안을 받아들였다.

그 길로 나는 곧장 건물 관리인을 찾아갔다. 그분은 이제 갓 사회로 나온 새파랗게 젊은 청년이 과연 월세나 제대로 낼 수 있을지 염려하고 있었다. 나로서는 그 염려를 내려놓게 하는 것이 최우선 과제였다.

"제가 하려는 사업에 대해 설명드리겠습니다."

부모님 앞에서 했던 것처럼 나는 노트북을 펼쳐놓고 내 사업에 대한 프레젠테이션을 했다. 그리고 프레젠테이션이 끝난 후에는 아예 그분이 바라는 메시지를 노골적으로 강조했다.

"어르신을 아버지처럼 모시고 공경하겠습니다. 그리고 절대 월세를 미루는 일 따윈 없을 겁니다. 아예 월세를 하루 전에 드리겠습니다."

"장사가 안되면 어떻게 할 건데?"

"이 사업계획서를 보셨잖습니까. 장사가 안될 리가 없습니다. 무조건 됩니다."

관리인은 고개를 갸웃거렸지만, 그렇다고 영 차가운 반응은 아니었다. 몇 마디 말이 더 오간 뒤 그분은 결국 못 이기는 척 내 손을 잡아주었다. 우여곡절을 겪긴 했지만 1억 원이던 권리금을 3천만 원으로 떨어뜨렸으니 나로서는 꽤나 큰 수확이었다.

이렇게 2009년 6월, 매장 계약을 마쳤다. 그 후 나는 7월 27일로 개점 날짜부터 미리 못 박았다. 데드라인을 미리 정해놓지 않으면 아무래도 시간활용의 효율성이 떨어질 위험이 있다. 물론 대부분의 창업자들은 개점 일을 정해놓는다. 그런데 계약 지연이나 공사 연기, 제품 개발 등 여러 이유로 차일피일 미뤄지는 경우가 많다. 하지만 나는 무조건 미리 정해놓은 개점 날짜에 맞춰 가게를 열겠다고 결심했다.

나는 평소에도 일을 귀납적으로 하는 편이다. 미리 목표와 시한을 정해 놓고 끊임없이 스스로를 다그친다. 또 목표와 기한에 맞춰 현실적으로 가장 좋은 방식을 찾는다. 물론 일을 하다 보면 목표와 시간을 설정하기 애매할 때가 있다. 그럴 때는 오히려 부담이 되더라도 스스로 채찍을 가할 수 있도록 일정을 빠듯하게 조정해야 한다.

꿈을 이루기 위해서는 목표를 정하고, 그 목표를 향한 길을 찾아 나아가야 한다. 그런데 여기에 기한까지 미리 정해둔다면 더 힘을 내 거침없이 전진할 수 있다. 또 중간에 어떤 장애물을 만나더라도 반드시 넘어서야 한다는 강한 의지가 생겨난다. 미국의 육군 장군이었던 조지 패튼은 노르망디 상륙 작전 이후 거침없이 진격했다. 그의 진가는 독일군이 전쟁 막바지에 일으킨 아르덴 공세 때문에 연합군이 애를 먹고 있을 때 더욱 빛을 발했다. 당시 바스토뉴에서 독일군에 포위돼 있던 부대를 구하기 위해 파격적인 진군을 독려하여 마침내 지원군이 그곳에 도달할 수 있도록 했다. 목표에 집중하여 악천후와 강력한 독일군 기갑부대라는 최악의 조건을 극복했던 것이다.

창업을 준비하면서 이런저런 장애물을 만났던 나도 이제는 더 이상 주춤할 여유가 없었다. 잠시라도 주춤했다가는 개점 날짜를 지키지 못하게 될뿐더러 처음부터 기세가 꺾일 위험도 있었다. 촉박한 일정이었지만 데드라인을 반드시 지키겠다는 목적의식이 분명했던 덕분에 가까스로 개점 일자를 맞출 수 있었다.

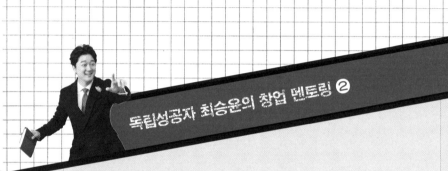
창업 초기 자본금, 어떻게 마련할까?

일반적으로 창업의 3요소로 '사람', '아이디어', '자본'을 꼽는다. 예를 들어, 예비 창업자 A군(사람)이 어떠한 창업 아이템(아이디어)을 떠올리고 확신을 가졌다면, 초기 자본금(자본)만 있으면 당장이라도 창업을 할 수 있는 것이다.

창업의 3요소 중 예비 창업자들이 가장 많이 고민하는 부분이 바로 자본이다. 특히 경제활동 경험이 많지 않은 20~30대 청년들에게 '사업에 필요한 자본금을 어떻게 구할 것인가?' 하는 문제는 창업에 대한 의욕을 떨어뜨릴 수 있을 정도로 높은 장벽이 되기도 한다.

그럼에도 불구하고 지나치게 걱정할 필요는 없다. '뜻이 있는 곳에 길이 있다'고 하지 않던가! 무일푼이라고 해서 전혀 방법이 없는 것은 아니다. 게다가 자본금이 풍부하다고 해서 반드시 사업에 성공하는 것도 아니니 돈이 없거나 부족하다고 해서 낙담할 필요는 없다. 자기 자본금이 거의 없는 상태로 창업을 해서 크게 성공한 사례는 얼마든지 있다.

부족한 창업 초기 자본금을 마련하는 방법으로는 크게 두 가지가 있다. 바로 지분투자를 받거나 대출을 받는 것이다. (물론, 기부나 후원 같은 방식도 있지만 이번 팁에서는 논외로 한다.) 지분투자 형태는 투자 금액에 비례해서 지분 취득이나 수익 창출을 목적으로 한 자금을 투자 받는 형태이고, 대출은 말 그대로 원금 및 이자 상환을 전제로 자금을 수혈 받는 형태이다.

다행히도 최근 들어 엔젤투자나 클라우드 펀딩 등 창업자에 대한 소액투자의 문턱이 낮아지고 기회가 늘어나는 추세라 자본금 마련에 대한 부담이 한결 줄어들었다. 또 대출의 경우에도 청년 창업을 지원하는 정부나 공공기관, 지자체의 정책 자금이 점점 확대되고 있어 예비 창업자들에게 반가운 소식이 아닐 수 없다.

'위기가 곧 기회'라는 말처럼 예비 창업자가 초기 자본금 조달을 위해 이리저리 뛰어다니는 이 시기는 창업 전략을 가다듬고 강화할 수 있는 절호의 기회가 된다. 예비 창업자는 자신의 창업 아이디어나 인적 능력에 대해서 확신을 가지고 있다. 하지만 그것은 혼자만의 착각일 수 있다. 실제 시장에서 선택받기 위해서는 좀 더 냉철한 시각에서 창업 아이디어와 능력을 보완하고 다듬을 필요가 있다.

자본금 조달은 어떤 방식이 됐든 투자자(혹은 대출 조달의 주체)가 예비 창업자의 아이템과 인적 능력에 대해 가능성을 인정해야만 승인 및 집행이 된다. 그래서 자금을 조달하는 과정은 창업 아이디어와 전략을 시장에서 통할 수 있게 가다듬는 좋은 기회이다. 즉, 예비 창업자는 이 혹독한 검증의 과정을 거치면서 사업의 성공 가능성을 더욱 높일 수 있다. 나 역시 부모님과 친구들에게 투자를 받기 위해 작은 사업 설명회를 기획하고 준비하는 과정에서 오히려 사업 아이템을 더 구체화하고 세련되게 다듬을 수 있었다. 초기 자본금을 투자 받기 위한 과정이었지만, 그 이상의 것을 얻은 것이다. 그러니 머릿속에 있는 사업계획을 구체화시켜 프레젠테이션 자료를 만들고, 지인들을 포함해 투자자들 앞에서 간단하게라도 브리핑을 해보기를 권한다.

한편, 자금은 창업 준비 단계에서만 필요한 것이 아니다. 사업체가 존속하는 한 끊임없이 창업자를 괴롭히는 것이 자금 문제다. 따라서 '자본금이 없어서 창업을 할 수 없다'고 생각하기보다는 '설령 자본금이 있더라도 내 사업에 대해 타인을 설득시킬 논리가 갖춰지지 않았다면 창업할 수 없다'고 생각하는 것이 예비 창업자로서 좋은 자세일 것이다.

▶ 중소기업청 창업진흥원(www.kised.or.kr), K-스타트업(www.startup.go.kr), 기술개발사업 종합관리시스템(www.smtech.go.kr), 소상공인진흥원

▶ 신제품, 신기술 아이디어로 창업 도전! 창조경제타운
 · 1644-1095   · www.creativekorea.or.kr
 · 아이디어는 있는데 어떻게 실현해야 할지 방법을 모를 때 이를 창업으로 연결해주는 곳이다. 창업 아이디어를 제안 형식으로 홈페이지에 올리면 전문가들로 구성된 온라인 멘토가 이를 보고 아이디어를 평가하고 조언해주며, 시제품 제작과 특허등록, 법인 설립과 자금 지원 등에 대해서도 안내해준다.

▶ 민간 투자자와의 협업이 필요할 때, 서울청년창업플러스센터

· 070-4880-3000

· 서울시와 서울산업진흥원이 운영하는 창업 지원기관으로, 초기 투자를 받았거
나 한 단계 더 성장이 필요한 업체를 선별해 무료로 사무 공간을 제공하고 후속
투자가 이뤄질 수 있도록 지원해준다. 매달 실시하는 투자설명회에서 좋은 평
가를 받으면 무상으로 입주해 투자 역량 강화 교육과 맞춤형 멘토링을 받을 수
있다.

이런 자금 마련 정보는 온라인 포털 사이트를 통하면 더 다양하게 얻을 수 있다.

취업은 짧고 사업은 길다

02

청년의
열정 앞에
두려움은 없다

나는 오늘 이미 바닥을 쳤으니
내일은 결코 오늘보다 더 안 좋아질 수 없다며
모두에게 힘을 불어넣었다.
말장난처럼 들릴지 모르지만
생각해보면 딱 맞는 말이었다.
오늘보다 더 안 좋은 내일이 올 수 없다는
생각이 들자 오히려 무한한 가능성과
희망이 보이는 듯했다.

오가다, 알을 깨고 나오다

워렌 버핏은 청소년 시절에 이미 "30대에 백만장자가 되지 못하면 내가 살고 있는 곳 중 가장 높은 곳에서 투신하겠다!"라고 선언한 적이 있다. 다행히도 그는 높은 곳에서 투신하는 비극적인 일을 겪지 않았다. 알다시피 세계에서 가장 유명한 투자가이자 자산가가 되지 않았는가.

자신의 꿈이나 목표를 공개적으로 밝히는 것은 스스로를 동기부여하는 데도 매우 도움이 된다. 자신과의 약속을 세상에 밝히면 반드시 그 약속을 지키겠다는 책임감이 들 수밖에 없다. 적어도 자기 스스로 쉽게 포기하지 않도록 하는 족쇄 역할은 한다. 매장 개점을 앞둔 나는 여러 가지 이유로 창업 소식을 주위에 알려야겠다고 생각했다. 지인들에게 홍보하기 위해서만이 아니라 손님들에게 음료를 팔기 전에 시음회도 해야 했고, 무엇보다 주변에 알림으로써 나 스스로 창업에 대한 결의를 다지고 싶었다.

개점까지 한 달도 채 남지 않자 나는 발등에 불 떨어진 듯 더욱 분주하게 움직였다.

"가게 이름은 정했어?"

"그것도 빨리 확정해야 돼. 그런데 일단 메뉴 개발부터 시급하게 마무리해야 해."

"시간이 얼마나 있다고 아직도 다 준비를 못했냐?"

친구들은 정신없이 뛰어다니는 나를 두고 핀잔을 줬다. 나도 마음이 급했다. 그런데 메뉴 개발과 브랜드를 정하는 것 말고도 급한 일이 또 있었다.

"아무튼 일정에 맞춰 다 준비할 테니 너무 걱정 마라. 그런데 지금 당장 해야 할 일이 있어."

"무슨 일이 또 있는데?"

"사업설명회를 개최할 거야."

코앞에 닥친 일이 한두 가지가 아닌데 이 틈에 사업설명회를 할 거라고 하니 친구들은 어이가 없다는 듯 나를 바라봤다.

"사업설명회는 주로 투자를 받으려고 하는 거잖아. 그런데 너는 이미 창업 자금 마련을 다 했다면서 왜 사업설명회를 해? 가뜩이나 개점까지 시간이 얼마 남지도 않은 마당에 말이야."

"내가 하는 일이 뭔지 선포하는 자리를 만들어야지. 그리고 지금 개발 중인 제품에 대한 객관적인 반응도 알아봐야 하잖아. 그래서 시음회를 겸해서 행사를 치를 계획이야."

친구들은 고개를 절레절레 흔들었다. 개점 일이 바짝 다가와서 몸이 열 개라도 모자랄 판인데 별걸 다한다면서 핀잔을 주기도 했다. 그렇지만 나로서는 중요한 일이었다. 당장 내가 확신을 가지고 있는 전통차라는 아이템이 내 또래 젊은 사람들의 눈길을 끌고 입맛을 사로잡을 수 있을지가 너무 궁금했다.

○ **아이디어에**
   실체를
   입히다

개점 3주 전인 2009년 7월 첫째 주에 사업설명회를 열었다. 일정이 빠듯한 와중에도 굳이 사업설명회를 한 데는 그만한 이유가 있었다. 젊은 사람들을 주 타깃으로 하는 사업이니만큼 한국 전통차에 대한 젊은층의 냉철한 평가가 필요했기 때문이다. 어렸을 때부터 전통차에 익숙했던 나의 입맛은 너무 주관적이라 고객의 입에 맞는 맛을 찾아내는 것이 중요한 과제였다. 그래서 사업설명회를 개최하고, 초대된 지인들을 통해 제품의 상업적 매력을 테스트해보기로 한 것이다.

맛 평가를 받는 것 외에도 사업설명회를 연 이유가 또 있었다. 사람들 앞에서 나의 목표와 계획을 공식적으로 선언함으로써 스스로에게 족쇄를 채우고 싶었다. 창업을 한다고 해놓고서 이런저런 이유로 차일피일 미룰 가능성을 원천적으로 차단하기 위해서였다. 때문에 이번 설명회는 부모님 앞에서 조촐하게 했던 것과는 달랐다. 내가 아는 사람들을 가급적 많이 불러서 치르는 공식적인 이벤트였다.

"최소 100명 이상은 와야 해. 그리고 투자를 청하는 자리가 아니니까 그냥 와서 내가 하는 사업이 괜찮은지 모니터링해주고, 설문조사에 응해주기만 하면 된다고 해."

"알았다. 내가 동기들한테 연락할게. 기왕 하는 행사니까 준비 잘해."

주로 투자 유치를 목적으로 하는 사업설명회와 달리 나는 사업설명과 더불어 시음회와 설문조사를 곁들인 행사로 방향을 잡았다. 딱딱한 형식이 아니라 즐거운 분위기의 파티 같은 형식으로 기획한 것이다. 학군단 동기들과 대학 친구들을 총동원해서 마련한 사업설명회는 쇼케이스를 하듯이 연출했다.

"조금 있다가 본격적인 설명회를 시작할 텐데요, 모두들 제가 연설을 하고 나면 다 같이 일어나서 큰 박수와 환호를 보내주는 센스 좀 발휘해주세요!"

"하하! 아무튼 빨리 시작해보라고!"

나는 참석자들에게 박수와 호응을 부탁하며 분위기를 한껏 띄웠다. 곧이어 프레젠테이션을 시작했다.

"저는 반드시 스타벅스를 능가하는 브랜드를 만들겠습니다."

"와! 그래 한번 만들어봐라!"

내가 미리 부탁한 대로 친구들은 열띤 호응을 보여주었다. 특히 내가 창업 후의 포부를 이야기하자 모두들 마치 자신의 일인 것처럼 반겨주고 즐거워했다.

"이제 제가 앞으로 세상에 내놓게 될 한국 전통차를 시음하는 시간을 갖도록 하겠습니다."

나는 준비한 차를 선보였고, 친구들은 돌아가며 맛을 봤다. 이 순간이 사업설명을 할 때보다 더 떨렸다. 어머니와 함께 엄선한 한약재로 만든 음료였다. 이 음료들은 맛과 효능은 물론 차게도, 따뜻하게도 마실 수 있어야 한다는 등 몇 가지 기준에 맞춰 만들었다. 한약처럼 맛이 없다는 이야기가 나오지 않아야 하고, 부작용을 일으켜서도 안 된다. 한약 재료 중에는 쓴 맛이 나거나 독성이 있거나 시원하게 마실 수 없는 것도 있기 때문이었다.

"차와 함께 나눠드린 설문지에 맛에 대한 평가를 해주시기 바랍니다. 개선할 점이 있으면 솔직히 다 적어주면 고맙겠습니다. 쓴소리도 괜찮습니다. 최승윤이가 사업에 성공할 수 있도록 많은 조언 부탁드립니다."

행사가 끝난 뒤에 두근거리는 마음으로 설문지를 하나씩 살펴봤다. 다행히도 사업 아이템이나 콘셉트에 대해서는 대부분 만점을 줬다. 그런데 정작 돈을 받고 팔아야 할 차의 맛에 대해서는 혹평이 쏟아졌다.

"너무 쓰다. 차가 아니라 한약인 듯."

"커피의 쓴맛과 차원이 다른 쓰디쓴 맛!"

"망하고 싶으면 그대로 만들어 팔아라."

개점까지 한 달도 안 남았는데 제품에 대한 평가는 최악이었다. 지금까지 만든 시제품을 원점에서 전부 재검토해야만 했다.

기대와는 전혀 다른 평가였지만 실망할 겨를이 없었다. 친구들의 평가를 겸허히 받아들여 최대한 빨리 새로운 제품을 만들어야만 했다.

테이크아웃 음료를 즐기는 젊은 소비자들은 달고 부드러운 맛을 원했다. 나는 어머니와 함께 다시 제품 개발에 들어갔고, 또 한 번의 시음회를 준비했다. 지난 사업설명회에 참석했던 친구들 중 일부를 불러 한 번 더 평가를 해달라고 부탁했다.

친구들은 여전히 고개를 갸웃거렸다. 지난번보다 낫다고 했지만, 한약재 맛에 대한 거부감은 여전했다. 이 거부감을 없애는 것이 관건이었다. 그래야만 가뜩이나 생소한 전통차라는 아이템이 고객들에게 조금이라도 가까이 다가갈 수 있을 것이기 때문이었다. 예컨대 대추와 감초, 갈근을 재료로 사용할 경우 대추의 비중을 더 늘려서 달게 하거나 배나 도라지, 생강처럼 가급적 익숙한 맛이 느껴지게 해야 하는 것이다.

건강에 좋은 재료를 쓰고, 그 사실을 장점으로 부각하는 것은 좋지만 자칫 양날의 검이 될 수 있었다. 아무리 좋은 재료로 만들었더라도 낯선 맛에, 하필 한약 맛과 비슷한 느낌이라면 어떨까? 전통차라는 기존의 이미지에서 벗어나지 못하고 오히려 고리타분하다는 느낌을 주게 될 것이다. 친구들의 부정적인 평가는 한마디로 이런 걸 어떻게 돈 주고 사 마시냐는 냉정한 경고였다.

개점까지 시간이 얼마 남지 않았지만, 메뉴를 모두 바꿔야 하는 상황이었다. 폐와 장에 좋은 차를 만든다고 하면 수천 가지 레시피를 만들 수 있지만, 그중 가장 익숙하면서도 달고 부드러운 맛을 내는 레시피는 소수에 지나지 않을 것이다. 그것을 찾아내는 것이 사업의 성패를 결정한다고 해도 과언이 아니었다.

"새로운 전통차 음료를 만들려고 하는데 좋은 약재와 메뉴 개발에 필요한 조언을 좀 해주시면 고맙겠습니다."

어머니의 지인 중에 한약협회 회장을 지내셨던 분이 있어서 찾아뵙고 도움을 요청했다.

"젊은 사람이 전통차에 관심을 가진다니 오히려 내가 더 고맙네. 알았어. 내 힘껏 도와주지."

나는 어머니와 한의사 선생님, 그리고 한약협회 전 회장님과 협력해 밤낮없이 제품 개발에 몰두했다. 그리고 마침내 소비자의 입맛에 더욱 근접한 메뉴를 개발하게 됐다. 다행히 최종 제품에 대한 친구들의 반응은 꽤 괜찮았다.

　그러나 아직 실체를 보여주지 못한 상태에서 박수부터 받을 수
는 없었다. "아이디어는 그저 출발일 뿐이다"라는 파블로 피카소
의 말대로 나는 이제 겨우 발걸음을 뗀 것이었다.

　나의 기대와 달리 객관적인 평가는 냉정한 것이 좋다. 그 덕분
에 오히려 제품의 단점을 보완하고 고객이 원하는 음료를 만들어
낼 가능성이 높아진 것이다. 주위의 냉정한 평가에 잠시 힘이 빠질
수는 있지만, 낙담할 필요는 없다. 기차가 출발하고 난 뒤에는 여
기저기 고장 난 것을 발견하더라도 고치기가 쉽지 않다. 출발하기
전에 발견한 단점이라면 그 기회에 더 튼튼하게 고칠 수 있으니 오
히려 다행스러운 일이 아닐 수 없다.

○ 　사업의 가치를 담을 그릇을 빚다

매장 임대와 제품 개발, 사업설명
회도 중요하지만 무엇보다 브랜드
가 있어야 했다. 브랜드는 소비자
들에게 인식되는 '가치'이다. 즉 단순한 상품명이나 상호가 아니
다. 소비자는 브랜드를 보고 어떤 가치를 느끼게 된다. 우리가 애
플로부터 혁신을, 스타벅스로부터 감성이라는 가치를 느끼는 것
처럼 말이다.

　브랜드의 가치를 제대로 이해하지 못하면 낭패를 볼 수도 있

다. 지포 라이터를 생산하는 지포사에서 특유의 라이터 모양으로 여성용 향수를 만든 적이 있다. 그러나 결과는 실망스러웠다. 여성들은 지포 향수를 보면서 휘발유 냄새를 떠올렸던 것이다. 실제로 향수 냄새를 맡아보기도 전에 말이다.

전통차라는 아이템을 준비하면서 가장 공을 들인 것은 브랜드 작업이었다. 당장은 두 평짜리 작은 점포에서 시작하지만 단계적으로는 직영점을 늘려갈 계획이었다. 그리고 테이크아웃 매장이 어느 정도 성공을 거두고 브랜드가 알려지면 카페형 매장도 운영할 계획이었다. 그렇기에 시작 단계서부터 내 사업의 정체성과 가치를 그대로 표현해줄 브랜드를 만드는 것이 중요했다.

"내가 만들 전통차 브랜드의 네이밍을 공모할 거야. 상금도 있어. 10만 원!"

친구들과 주변 지인들에게 브랜드 네임을 공모했다. 적지만 상금도 걸었다. 얼마 후 한 친구에게서 메일이 왔다. 그 친구가 보내준 메일에는 뜻이 좋은 단어들이 가득 적혀 있었다. 주로 세 글자에서 다섯 글자 사이의 단어들이었다. 친구는 브랜드 네임을 형용사형, 명사형, 동사형 등으로 분류해서 적어놓았는데, 문득 그중 동사형으로 분류된 제목들이 눈에 띄었다. 동사형은 전부 '~다'로 끝나고 있었다. '다'라는 말이 차[다(茶)]를 의미하기도 한다는 데서 착안한 네이밍인 듯했다.

나는 많은 후보들 중에서 두 가지를 골랐다. '사랑한다'와 '오가다'였다. '사랑한다'는 말 그대로 '사랑한다'라는 의미와 '사랑을 담은 한국의 차'라는 의미를 담고 있었다. '오가다'는 오가닉(organic)을 연상시키면서 '오고가는 정을 주고받다'라는 의미가 담겨 있었다. 그리고 '다섯 가지 아름다운 우리의 전통차'라고 해석할 수도 있었다. 그래서 '오가는 사람 누구나 편히 쉬면서 우리의 전통차와 정을 나눌 수 있는 공간'이라고 해석할 수도 있었다.

'사랑한다'와 '오가다'를 두고 주위에 의견을 구했다. 그 결과 다양한 의미가 담긴 '오가다'가 압도적으로 많은 선택을 받았다. 사실 나도 '오가다'에 끌렸다. 언뜻 짧고 단순한 이름인 듯했지만 그 속은 수많은 것을 담을 수 있을 만큼 넓고 깊게 느껴졌다.

'오(五)'는 다섯 가지 방향인 5방(方)을 뜻하기도 한다. 즉, 동서남북과 중앙을 뜻하는 이 말은 '천지사방으로 좋은 기운을 퍼트리겠다'는 의미로도 해석할 수 있다. 또 '오'는 우리 몸의 다섯 가지 신체기관인 간장, 심장, 비장, 폐장, 신장을 통칭하는 오장을 상징하기도 한다. 즉, '우리 몸의 신체기관에 맞는 한국의 전통차를 만든다'는 뜻으로도 해석할 수 있다. 또 목, 화, 토, 금, 수의 오행을 의미하기도 한다.

이렇게 다중적인 의미를 가진 '오'자에 '아름답다'는 뜻의 '가(嘉)'와 차를 뜻하는 '다(茶)'를 합쳐서 '오가다'라는 이름이 완성되었다. 이렇게 내가 만든 한국 전통차 사업의 브랜드가 정해졌다. 나는 동사형으로 된 많은 네이밍을 제안해 준 친구에게 고마움을 전하고, 약소하나마 사례금도 주었다.

이후 오가다는 그 브랜드 가치에 걸맞은 디자인 작업, 인테리어 및 비품 디자인 등을 하며 개점 준비에 박차를 가했다. 그리고 주력 상품으로 판매할 '다섯 가지 전통차'를 선정하고 보완, 개선해나갔다.

"나 좀 도와주라. 네 실력 좀 발휘해줘야겠어."

"대학 때도 그렇게 사업 타령을 하더니 결국 저질렀네. 알았다. 네 브랜드를 빛내줄 최고의 디자인을 뽑아낼 테니 나만 믿어."

브랜드 디자인은 대학 때 CI, BI 사업을 함께했던 친구에게 도움을 청했다. 나는 친구에게 '오가다'라는 브랜드에 담긴 가치와 비전 등을 상세히 설명했고, 그 가치를 담을 디자인을 함께 찾아갔다.

"인테리어는 물론이고 유니폼, 비품까지 모두 브랜드 콘셉트에 맞춰야 해. 메뉴도 오가다라는 이름에 맞게 다섯 가지 대표 메뉴를 만들어야 하고, 개점이 여름이니 시원하고 산뜻한 맛을 내는 음료도 서브 메뉴로 준비해야 돼. 음료는 내가 챙길 테니 너는 디자인과 인테리어 작업 좀 챙겨줘."

"알겠습니다. 소대장님."

창업을 준비하며 나는 군대에서 함께 복무했던 사병 중 전역한 친구를 불렀다. 군대에서도 나를 잘 따르고 성실한 친구였기에 일을 믿고 맡길 수 있었다. 전통차 음료 사업에 대한 비전에 공감했기에 이후에도 이 친구는 오가다를 성장시키는 데 힘을 아끼지 않았다.

브랜드 로고가 완성되자 즉시 간판을 비롯한 모든 비품에 이 로고를 적용했다. 심지어 컵홀더에도 오가다의 로고를 넣었다.

"그냥 무지(無地)를 쓰면 안 되나요? 브랜드 로고를 인쇄하려면 최소 5만 개는 주문해야 된다는데…."

'무지'란 브랜드 등 아무것도 인쇄되지 않은 것을 말한다. 직원의 얘기처럼 소규모 카페에서는 대부분 무지로 된 컵홀더를 쓴다. 하지만 내 생각은 달랐다. 돈이 좀 들더라도 시작할 때부터 우리만의 컵홀더를 만들어서 브랜드를 확실히 알리는 게 중요하다는 판단이었다.

"돈이 꽤 많이 들 텐데요. 다섯 종류를 각각 주문하려면 최소 25만 개를 주문해야 해요. 그게 말이 됩니까?"

"오방색에 맞춰 메뉴마다 다른 컵홀더를 쓰면 좀 더 독특해 보이지 않겠어? 게다가 손님들은 컵홀더만 보고도 자신이 무슨 음료를 마시고 있는지 더 명확히 알 수 있고, 또 사람들 눈에도 띨 것 같은데, 어때?"

결국 나는 창업 자금 1억 원 중 무려 1천만 원이 넘는 돈을 컵홀더를 인쇄하는 데 썼다. 주위에서는 사소하고 하찮은 데 돈을 펑펑 쓴다고 난리였다. 그렇지만 내가 볼 때는 결코 사소하고 하찮은 일이 아니라 우리 브랜드의 정체성을 알리는 중요한 일이었다.

그냥 컵홀더가 아니라 고객에게 "당신이 드시는 이 음료는 이름도 없는 그저 그런 음료가 아닙니다. 오가다가 정성껏 만들어낸 건강한 음료입니다"라고 말하는 컵홀더인 것이다. 더군다나 테이크아웃 음료이니만큼 컵홀더는 길거리와 사무실 등에서 우리 오가다를 적극적으로 알려줄 것임에 분명했다.

브랜드의 가치는 곧 기업의 생명과도 같다. 우리 몸의 심장처럼 사업을 하는 데 있어서 가장 중요한 역할을 한다. 그러니 당장 이익을 얻는 것보다 브랜드를 알리고 오랫동안 유지하는 방법을 찾아야 한다. 더군다나 전통차는 아직 생소한 아이템이기 때문에 사람들 눈에 띄는 것이 가장 시급한 과제였다. 그리고 정성들여 만든 건강한 음료라는 사실도 사람들에게 인식돼야 했다. 그러기 위해서는 사소한 비품 하나에도 당당히 우리의 브랜드를 새겨 넣어 건강하고 진정성 있는 음료임을 알려야 했다.

초기에 비용이 든다고 해도 브랜드의 가치를 높이는 일에는 반드시 투자를 해야 한다. 그래야 나중에 브랜드 효과를 발휘할 수 있다. 즉 일단 좋은 인지도를 갖춘 브랜드만 있다면 광고나 홍보를 하는 것보다 유지 비용이 훨씬 덜 들 수도 있다. 그러나 제대로 브랜드 가치가 만들어지지 않으면 지속적으로 비용을 쏟아부어야 할 수도 있다.

천국 같던 시간, 지옥 같은 매출

2009년 7월 27일, 마침내 오가다가 세상에 나왔다. 가족과 친척들은 물론 친구들까지 찾아오니 두 평 남짓한 가게 앞이 갑자기 북적댔다. 탁자는커녕 의자조차 없는 점포 앞의 길에 서서 그들은 기대에 찬 표정으로 개업식을 기다렸다.

"지금부터 코리안 티 카페 오가다의 개업식을 진행하겠습니다. 먼저 국기에 대한 경례가 있겠습니다."

개점 행사는 거창하게 태극기까지 휘날리며 국민의례를 하는 것으로 시작했다. 개업식에 참석해준 지인들은 물론이고 주위 상가의 사장님들, 그리고 길을 지나는 행인들까지 재미있다는 표정으로 관심을 가져주었다. 대표의 인사말 차례가 되자 나는 큰 소리로 당당하게 외쳤다.

"오늘은 역사적인 날입니다! 한국의 전통차로 세계적인 커피 브랜드 스타벅스를 능가할 오가다가 그 첫발을 떼는 날이기 때문입니다."

내가 손으로 가리킨 곳엔 "스타벅스를 능가하겠습니다"라는 글귀가 적혀 있었다. 내 말이 끝나자마자 참석자들은 박수와 환호를 내질렀다. 그것이 비록 실현 불가능해 보이는 바람일지라도 그 호기로움만큼은 격하게 응원해주고 싶었던 것이다.

개점 행사 분위기는 이벤트업체에서 나온 행사도우미들과 흥겨운 음악으로 한껏 달아올랐다. 테이프 커팅식도 하고 마이크와 앰프, 스피커까지 갖춘 화려한 개업식이었다. 코딱지만 한 매장과는 다소 어울리지 않는 성대한 개업식이 재밌고 신기했는지 개업식에 참석한 손님들의 얼굴엔 연신 웃음이 넘쳤다.

비록 두 평짜리 점포였지만 나는 오가다의 1년 후, 10년 후를 내다보고 있었다. 때문에 이제 겨우 시작일 뿐이지만 제대로 격식을 갖추고 싶었다. 나를 사랑하고 아끼는 이들의 응원과 축복 속에서 즐겁고 행복하게 시작하고 싶었다. 그래야 그 좋은 기운이 모두 오가다로 모일 테니 말이다.

"그래, 바라던 창업을 했으니 정말 대박이 터졌으면 좋겠다. 열심히 해서 꼭 성공하렴."

지인들은 저마다 내 손에 돈 봉투를 꼭 쥐어주며 덕담을 해주었다. 그리고 음료도 모두 제값을 지불하고 마셨다. 첫날부터 공짜 손님이 오면 좋을 게 없다면서 말이다. 나는 그것이 돈이 아닌 나를 아끼고 응원하는 마음임을 알았기에 감사히 받았다. 이때만 해도 첫걸음이 너무나 가벼워 넓고 푸른 하늘로 훨훨 날아갈 일만 남은 듯했다.

"우와! 첫날부터 이렇게 사람이 많으니 완전 대박인데요!"

"그러게 말이야. 매일매일 오늘만 같으면 좋겠네. 하하!"

점점 바닥을 드러내는 음료와 쌓여가는 돈을 보며 나는 내 판단이 틀리지 않았음을 확신했다.

천국 같던 축제가 끝나고 썰물처럼 지인들이 빠져나가자 매장은 일순간 정적에 휩싸였다. 점포 앞을 오가는 사람조차 드물어 수를 헤아릴 수 있을 정도였다. 마감시간이 다가오자 나는 왠지 불안한 마음이 들었지만 설마 그런 일이 벌어지기야 하겠냐며 마지막까지 희망을 내려놓지 않았다.

O **오늘보다
더 나쁜
내일은 올 수 없다!**

마감 시간이 지나자 나는 떨리는 마음으로 매출액을 결산했다. 창업을 축하해주러 온 지인분들의 매출을 제하고 순수 매출을 계산해본 것이다. 그런데 황당하게도 매출이 0원이었다. 단 한 잔도 팔지 못한 것이다. 충격이었다. 소위 말하는 '오픈발'까지는 아니어도 최소 열 잔 정도는 팔았을 거라고 기대했었다.

거품이 사라지니 진실이 떠올랐다. 26년을 살아오면서 처음으로 맛보는 좌절감이었다. 그때까지는 대부분의 일이 내가 의도한 대로 됐었다. 그만큼 꼼꼼히 분석하고 노력했기 때문일 것이다. 그런데 이번에는 달랐다. 나는 그 어느 때보다 열심히 분석하고 준비해왔다. 개점 당일에는 성대한 행사까지 치르며 홍보 효과를 노렸다. 그런데 창업한 첫날부터 모든 것이 빗나갔다.

"사장님, 어떻게 이런….”

"괜찮아. 첫술에 배부르면 그게 이상한 거지. 안 그래?"

"그래도 이건….”

당황스러웠지만 그렇다고 직원들 앞에서 속상한 마음을 내색할 수는 없었다. 매출 제로라는 황당한 결과에 그들 또한 주눅이 들어 의기소침해 있었다. 당시 나는 두 명의 직원과 함께 일했는데, 다들 자신의 일인 것처럼 마음을 써주었다.

"오늘 하루 고생 많았어. 어서 퇴근 준비해.”

나는 직원들의 등을 토닥이며 고생했으니 그만 퇴근하라고 했다. 하지만 그들은 여전히 눈만 끔뻑이며 꼼짝도 하지 않았다.

"뭐가 문제일까요?”

"글쎄. 그걸 찾는 게 우리의 숙제겠지?"

개업 첫날이고, 또 생소한 음료이니 손님이 붐비지 않을 수 있다는 예상은 했다. 하지만 단 한 명도 오지 않을 거라곤 전혀 상상하지 못했다.

"그렇게 오랫동안 준비하고 고생하셨는데…."

직원들은 내가 오가다를 준비하며 얼마나 많은 공을 들였는지 알기에 나보다 더 속상해 했다. 조금이라도 비용을 줄여보려고 인테리어도 친구들과 함께했다. 직접 페인트칠을 하고 시트지도 붙이고 간판도 달았다. 직원들도 내가 그렇게 정성을 들인 걸 알기에 개업 첫날 실질적인 매출이 0원이라는 사실을 심각하게 받아들였다.

"내일은 한 잔 정도는 팔 수 있지 않을까? 그러면 오늘보다 매출이 100% 향상되는 셈인데, 창업 둘째 날 매출 100% 향상은 정말 대단한 거지. 안 그래? 하하!"

나는 오늘 이미 바닥을 쳤으니 내일은 결코 오늘보다 더 안 좋아질 수 없다며 모두에게 힘을 불어넣었다. 말장난처럼 들릴지 모르지만 생각해보면 딱 맞는 말이었다. 오늘보다 더 안 좋은 내일이 올 수 없다는 생각이 들자 오히려 무한한 가능성과 희망이 보이는 듯했다.

"자, 힘냅시다! 오늘은 이미 지나갔으니 잊어버리고 내일부터 다시 잘해 봅시다."

직원들을 응원하다 보니 신기하게도 나 역시 조금씩 힘이 생기는 것 같았다.

기대와 전혀 다른, 심지어 최악의 결과가 나왔다 해도 아직 포기하기에는 이르다. 오히려 현실을 겸허히 받아들이며 새로운 방법을 모색하고 최선을 다해야 한다. 직원들을 먼저 퇴근시킨 후 나는 한참이나 매장에 더 머물며 깊은 생각에 잠겼다. 매출 제로의 원인을 찾아야 했다. 원인을 찾아내지 못하면 내일도 오늘과 같은 지옥을 맛보게 될 것이다. 위기의 순간일수록 냉철한 분석이 필요하다.

장사가 안되는 데는 여러 이유가 있을 것이다. 제품, 서비스, 입지 조건, 가격, 홍보 등을 꼼꼼히 되짚어보며 그 이유를 찾을 필요가 있었다.

우선 제품은 고객들이 아직 맛을 보지 않은 상태니 뭐라 말할 수 없었다. 단지 전통차라는 낯선 음료가 거부감으로 다가온다면 그 거부감을 없앨 방법을 찾아야 했다. 서비스나 가격 역시 아직은 고객에게 직접 노출된 것이 아니니 결정적인 문제라고 단정 짓기 힘들었다. 그럼에도 고객이 만족하기를 바란다면 끝없이 개선하고 노력해야 한다고 생각했다.

결국 입지 조건이 문제라는 게 결론이었다. 사실 입지 조건은 처음부터 어느 정도 문제를 안고 시작한 셈이었다. 좁은 매장인 데다 바로 옆에 대형 패스트푸드 매장과 규모가 큰 영업점들이 있다

보니 우리 매장은 쉽게 눈에 띄지 않았다. 게다가 원래 장사가 안 되던 곳이라 그런지 사람들은 매장을 들여다보지도 않고 지나쳐 갔다.

작은 매장을 운영할수록 입지 조건이 매우 중요하다. 그것을 몰랐던 것은 아니었다. 사람들이 많이 다니는 좋은 길목에서 매장을 열고 싶은 마음은 굴뚝같았다. 그러나 자금의 한계로 인해 엄두를 내지 못했던 것이다. 처음부터 핸디캡이 무엇인지 알고 시작한 셈이다. 그렇기 때문에 잠시 주눅이 들지언정 내 선택을 후회하지는 않았다. 대신 핸디캡을 극복할 수 있는 방안을 반드시 찾아야만 했다.

집으로 향하는 길, 나는 그 길에서 마주친 한 사람 한 사람이 모두 특별한 존재로 느껴졌다. 그들의 시선이 모두 우리 매장으로 향하기를 바랐고, 그들의 발길이 우리 매장을 찾기를 소망했다. 그리고 그들이 우리의 음료를 주문하고 마시며 만족스럽게 웃어주길 기도했다. 그 마음은 마치 첫사랑 그녀의 관심과 사랑을 갈구하는 사춘기 소년의 마음처럼 간절했다.

문득 이런 내 모습이 낯설었지만 한편으로는 대견하기도 했다. 바닥을 경험했기에 전진의 감사함을 알았고, 고객 한 분을 모시는 것이 이토록 힘겨운 일임을 알았기에 그들에 대한 감사함도 알게 되었다.

'손님은 왕'이라는 말로는 모자랐다. 손님이 있어야 살아남을 수 있다. 만약 첫날부터 손님들이 몰려왔다면 그런 깊은 깨달음은 얻지 못했을 것이다. 생각이 여기에 미치자 시련마저도 감사하게 받아들일 수 있었다.

내 아이템과 브랜드만큼
고객을 아는가?

"이제 우리는 단 한 명의 손님에게 집중하자. 오늘도 어제처럼 손님이 아예 안 올 수도 있을 거야. 그러니 단 한 명의 손님이 오더라도 무조건 그분을 생명의 은인이라 여기고 대접해드리자."

'매출 0원'의 충격에서 벗어나고자 나는 다음날부터 오로지 고객에게만 집중했다. 당장의 매출이 문제가 아니었다. 생존의 문제였다. 고객이 찾지 않는 매장은 피가 돌지 않는 몸과 같다. 생명이 다한 것이다. 그러니 살기 위해서는 어떻게든 고객이 우리를 찾게 하고, 오가다의 음료를 경험하게 해야 했다.

고객의 소중함을 깨달은 후 가장 먼저 한 것은 고객을 아는 일이었다. 그동안 전통차라는 아이템과 브랜드에 대해서는 많은 고민을 했지만, 정작 나에게 돈을 지불할 고객에 대해서는 아는 것이 별로 없었다. 처음 창업을 하는 사람들이 많이 겪는 실수가 심혈을 기울여 아이템을 준비하지만 정작 그것을 구매해줄 고객에 대해서는 제대로 알지 못한다는 것이다.

"아니, 이렇게 좋은 걸 왜 안 마시는 거야?"

아이템도 좋고 열심히 준비도 했는데 장사가 안되면 대부분은 고객 탓을 한다. 그러나 고객이 어떻게 그 아이템이 좋은지 알겠는가? 또 고객에 대해 그저 숫자로 파악하는 것도 별 의미가 없다. 유동인구가 몇 명이고, 10분마다 몇 명이 지나다니고, 매장 주변 상권에 몇 명이 거주한다는 등의 정보를 안다는 게 손님에 대해 아는 것이 아니라는 말이다.

나도 유동인구를 조사해서 몇 퍼센트를 공략 대상으로 삼으면 될지를 계산했고, 또 평균 객단가와 손익분기점 등을 분석했다. 하루 평균 8천 명이 매장 앞을 지나다니니 그중 5%만 우리 매장에 들어와도 매출이 어마어마할 것이라고 잔뜩 기대했었다. 10분당 우리 매장에 몇 명만 와도 하루에 얼마를 벌 수 있을 거라고 생각하며 흥분했던 것이다.

내 계산대로라면 분명 그중 몇 명은 우리 매장으로 들어와야 한다. 그렇지만 그들은 우리 매장을 그냥 지나쳐갔다. 대박은커녕 손님에게 말조차 건네지 못했다. 그때 나는 깨달았다. 손님이 우리 매장까지 와서 지갑을 열어 돈을 건네고, 내가 손님에게 차를 만들어 드리는 과정이 얼마나 기적 같은 일인지 말이다.

8천 명 중 80명이 잠재고객이라는 것은 정말 잘못된 생각이었다. 한 명과 거래를 하는 것도 기적인데, 80명이라니! 참으로 오만하고 어리석은 계산이었다.

내가 사랑하는 사람이 나를 사랑하는 것을 우리는 기적 같은 일이라고 한다. 하물며 생면부지인 사람의 발길을 붙잡고 마음을 얻는 것이 어디 쉬운 일일까. 생텍쥐페리는 《어린 왕자》에서 세상에서 가장 어려운 일이 사람의 마음을 얻는 일이라고 했다. "각각의 얼굴만큼이나 다양한 각양각색의 마음은 순간에도 수만 가지의 생각이 떠오르는데, 그 바람 같은 마음을 머물게 한다는 것은 정말 어려운 일"이라고 말이다.

나는 지금 당장 내가 해야 할 일이 무엇인지 알 것 같았다. 마음, 바람 같은 그것을 붙잡는 기적을 일으켜야 했다. 그러지 않으면 꿈은커녕 당장 월세조차 내기 힘든 상황이었다.

○　**5분,
기적을 만드는
시간**

"우리 춤추자!"
"네? 그게 무슨 말씀이십니까?"
고객과 감성을 나누고 관계를 맺기

위해서는 일단 고객이 우리에게 와야 한다. 그러려면 그들의 눈길을 사로잡고 발길을 끌어야 한다. 나는 직원들에게 음악을 크게 틀고 춤이라도 춰서 사람들에게 우리를 알려보자고 제안했다.

"알겠습니다. 하겠습니다!"

군대에서부터 나를 믿고 따르던 그 직원은 내 의도를 금세 파악했다. 우리에겐 아직 열어 보이지 않은 카드들이 많았다. 그것을 제대로 펼쳐본 뒤에야 후회든 반성이든 평가가 가능할 것이다.

"아예 동물인형 탈을 쓰고 할까?"

"가만히 있어도 더운 여름에 털 달린 동물인형 탈까지 뒤집어쓰자고요?"

"이왕 알리려면 확실히 알려야지."

날씨가 덥다고 투정할 때가 아니었다. 나는 친구에게 전화해 동물인형 옷을 구해달라고 했다. 그리고는 사람들이 많이 다니는 시간대에 그것을 입고 직원과 함께 열정적으로 춤을 췄다.

"어머, 저거 뭐야?"

"오가다? 그게 뭐지?"

직장인들이 한꺼번에 몰려나오는 점심시간이 되자 마침내 춤의 효력이 발휘됐다. 요란한 음악소리가 들리자 사람들이 몰려들었다. 아마도 멋진 몸매의 여성들이 춤을 추리라 기대했을 것이다. 그런데 현실은 한여름에 동물인형 탈을 뒤집어쓴 사람들이 막춤에 버금가는 춤을 추고 있었으니 얼마나 우스꽝스럽고 딱해 보였을까. 덕분에 오가는 사람들의 시선을 끄는 효과는 있었다. 그런데 딱 거기까지였다. 시선은 붙잡았지만 그들의 발길까지 붙잡지는 못했다.

다행히 그날은 두 잔을 팔았다. 창업 첫날보다 매출이 200% 향상된 것이다. 웃어야 할지 울어야 할지 판단이 서질 않았다.

"오늘부터 합숙이다. 알지?"

"그럼요! 합숙이 아니라 그 이상도 할 각오가 돼 있습니다!"

우리는 다리도 뻗기 힘든 두 평 매장에서 합숙까지 해가며 안무를 짜고 연습을 했다. 덕분에 우리의 춤은 하루하루 더 세련되게, 열정적으로 발전해 갔다. 오가는 사람들이 아예 걸음을 멈춘 채 박수와 환호를 보내기까지 했다.

"이제 우리는 손님에 대해 다시 생각해야 돼. 첫째, 소중한 존재인 만큼 한 사람 한 사람에 대해 또렷하게 기억하고 있어야 한다. 둘째, 아무리 찰나의 순간에 오가는 분이라 해도 최고의 서비스를 압축적으로 보여줘야 한다. 이 두 가지는 반드시 해야 한 번 온 손님이 다시 올 거고, 또 주위에 우리 오가다 이야기를 해줄 거야."

매일 매장 앞에서 춤을 추며 사람들의 눈길을 사로잡기 위해 노력하는 한편, 나는 고객과의 관계 맺기에도 정성을 쏟았다. 음료를 파는 테이크아웃 매장에서 손님과 만나는 시간은 기껏해야 5분 남짓이다. 그 짧은 시간 안에 손님의 특징을 기억하고 최고의 서비스를 제공하려면 미리 준비가 돼 있어야 한다. 그래서 고마운 마음을 담은 매뉴얼을 만들었다. 나는 얼굴 표정과 인사말, 태도 등에 관한 매뉴얼을 정리해서 직원들과 공유했다. 그때로부터 몇 해가 지난 지금도 이런 매뉴얼은 오가다에서 매우 중요하게 여겨지고 있다. 맥도날드나 스타벅스도 과학적이고 논리적인 사업 분석보다 고객을 대하는 진실한 태도가 앞섰기에 성공할 수 있었다.

창업 초기에는 당장의 수익보다 고객과 관계 맺기를 하는 것이 우선되어야 한다. 매장과 아이템의 존재감을 인지시키고, 긍정적인 이미지를 심어주는 것이 가장 중요한 일이다. 그래야 한 사람 두 사람 매장을 찾아오고, 그때부터 장사가 시작되는 것이다.

미소 띤 얼굴, 친절한 인사와 태도는 사실 서비스의 기본이다. 고객과 제대로 된 관계를 맺기 위해서는 그 이상의 것이 있어야 한다. 그 방법으로 우리가 가장 먼저 한 것은 '기억하기'였다. 상대를 기억하게 되는 순간, 그는 수많은 사람 중 하나가 아닌 '그'가 된다. 세상에 단 하나뿐인 특별하고도 소중한 존재가 되는 것이다.

"손님의 외모와 특징, 그분이 마셨던 음료를 기억해야 해. 그리고 그분이 다시 우리 매장을 찾았을 때 우리가 자신을 기억하고 있다는 것을 알게 해줘야 해."

지나치게 티를 내면 부담을 느낄 것이므로 우리는 적당한 선을 유지하며 손님에게 다가갔다. 다행히 반응이 좋았다. 자신을 기억해주는 것을 싫어할 고객은 사실 별로 없다. 덕분에 고객들은 하루가 다르게 늘어갔다. 셋째 날은 다섯 명, 넷째 날은 열두 명…
그렇게 매일 두 배 이상씩 늘어났다. 그리고 일주일이 되는 날부
터는 하루에 70~80명 정도를 꾸준히 유지했다. 매출액으로 따지
면 20만 원 남짓한 돈이었지만 그것은 돈보다 더 값진 희망이고
가능성이었다.

바람처럼 휙 지나치는 손님의 마음을 얻는 능력을 갖춘다면 성
공은 어느 정도 보장된다고 볼 수 있다. 그런데 그 능력은 타고나
는 것도 아니고 하루아침에 갖춰지는 것도 아니다. 진심과 끊임없
는 노력이 아니고서는 바람 같은 그 마음을 붙잡을 수 없다. 아직
전하지 못한 마음이 있지는 않은지, 다하지 못한 노력이 있지는 않
은지 살피고, 할 수 있는 것은 뭐든 다해봐야 한다. 그래야 마음을
얻는 기적이 일어난다.

○ 감성을 넘어 영혼까지 사로잡으라

'매출 0원'의 충격을 지울 수 있을
만큼 하루 방문하는 고객 수가 늘
어나 안정을 찾았을 때도 나는 이
런 관계 맺기를 위한 노력을 멈추지 않았다. 오히려 더 적극적으로
고객에게 다가가고 그들의 마음을 얻으려고 노력했다. 그 노력 중
하나가 명함 이벤트였다.

손님이 점차 늘어나자 외모와 특징만으로는 그 사람을 표현하

고 기록하기가 애매해졌다. '검은 뿔테 안경을 쓴 30대 초반 남성 고객', '긴 웨이브 머리에 미니스커트를 즐겨 입는 20대 중반 여성 고객'이 갈수록 늘어난 것이다. 고객의 이름을 알 수 있다면 이런 긴 수식어는 필요치 않을 듯했다.

"어쩌지? 그렇다고 손님에게 이름을 직접 물어보는 건 큰 실례고. 좋은 방법이 없을까?"

"글쎄요. 손님이 먼저 이름을 말하게 하려면…."

"그래! 명함을 받아서 자연스럽게 이름을 외우는 게 좋겠다."

식당이나 커피 전문점에서는 명함을 추첨해서 선물을 주는 이벤트를 많이 한다. 당시 주변의 상점들에서도 명함 이벤트로 식사권을 주거나 무료 음료를 제공하곤 했다. 우리는 아예 한 달 이용권을 주기로 했다.

"당첨만 되면 하루 한 잔씩 차를 한 달 동안 제공합니다. 명함 이벤트에 응모하세요!"

"한 달 동안 음료가 매일 공짜라고요?"

"네, 손님. 개점 기념으로 하는 이벤트니 꼭 응모하세요. 1등만 혜택이 있는 게 아닙니다. 2등은 일주일 무료 이용권, 3등은 하루 한 잔 이용권을 드려요."

명함 이벤트는 여러모로 효과가 있었다. 고객이 눈에 띄게 늘었고, 무엇보다도 명함을 매개로 고객과 지속적으로 관계를 맺을 수 있게 된 것이다. 처음 기대대로 명함을 통해 고객의 직장 등 몇 몇 정보를 알게 되었고, 그걸 바탕으로 대화의 단초를 마련할 수 있었다. 또 차 메뉴를 소개하면서 대화를 나누게 되니 손님에 대한 기억은 점점 강화될 수밖에 없었다.

"좀 전에 음료 사 가신 분 있잖아. 키 170 정도에 안경이 둥근 금테였지?"

"아, 맞아요. 동그란 금테 안경을 쓰셨어요."

나는 수첩을 꺼내 손님의 이름과 함께 직장, 외모적 특징을 기록했다. 1호점을 할 때만 해도 노트에 얼굴을 그려놓고 이름을 적어둔 손님이 수백 명이나 됐다. 그뿐 아니다. 언제 어떤 음료를 마셨는지도 일일이 메모했고, 올 때마다 계속 눈을 마주치며 맛에 대한 피드백을 달라고도 했다. 그리고 그분들의 피드백도 일일이 기록해두었다. 이 과정을 반복하니 나중에는 하루에 400명, 500명이 와도 70% 정도는 이름을 기억해낼 수 있을 정도가 됐다.

"안녕하세요. 점심 맛있게 드셨어요? 오늘 날씨가 너무 덥죠? 지난번에 오셨을 때보다 더 더워진 것 같아요."

"그러게요. 날이 더우니 몸도 축 처지네요. 기운 좀 보강할 수 있는 차가 있을까요?"

"아, 지난번에 배도라지차 드셨죠? 이번에는 석류오미자차를 한번 드셔보세요. 석류와 오미자가 들어가서 오늘처럼 땀 많이 흘린 날엔 원기 회복에 도움이 된답니다."

"와, 지난번에 제가 뭘 마셨는지도 다 기억하세요?"

"아휴, 그거야 장사하는 사람의 기본이죠."

손님을 기억하는 순간, 손님과 연결고리가 생기기 때문에 한번 인사를 나눈 사이라면 손님이 쉽게 가게를 지나칠 수 없다. 다른 테이크아웃 매장에 가려다가도 우리 매장 앞을 그냥 지나가지 못하겠다는 손님도 있었다. 이렇게 반복해서 우리 매장을 찾아주고 이야기를 나누며 감성적인 교류를 하다 보니 거의 매일 출근 도장을 찍는 분들도 생겼다.

고객들과의 친밀감을 높이는 것 못지않게 나는 예측을 뛰어넘는 다양한 서비스를 구현하며 고객에게 적극적으로 다가갔다. 그 중 하나가 배달 서비스였다. 나는 주문받은 음료를 만드는 짧은 시간 동안에도 손님에게 말을 걸었다. 심지어 대화 속에서 근무지가 어디인지 파악이 되면 배달도 간다고 너스레를 떨었다.

"한 잔도 배달해드립니다!"

"네? 한 잔만 시켜도 배달해준다고요?"

음료 가격이 한 잔에 2,500원, 비싸면 3,500원 하던 때였다. 그런데 단 한 잔이라도 배달을 해준다니 손님 입장에서는 특별한 서비스가 아닐 수 없었다.

그렇게 농담처럼 주고받은 말이었지만 오가다의 전통차와 배달 서비스는 종종 귀한 손님을 대접하기 위한 '정성'으로 쓰이기도 했다. 비록 얼굴도 모르고 이름도 알 수 없는 상대였지만 그가 오가다의 차를 마시고 만족감을 느낀다면 이 또한 마음을 나누고 관계를 맺어가는 과정이라 여겼다.

마케팅의 아버지라 불리는 필립 코틀러는 "지성을 목표로 하는 것은 더 이상 충분하지 않다. 기업은 거기서 그치지 않고 소비자들의 감성을 사로잡아야 한다"라고 했다. 그런데 이게 전부가 아니다. 그는 한 발 더 나아가 "기업은 이제 소비자들의 영혼을 감싸안는 세 번째 단계로 진화해야 한다"는 말도 남겼다.

감성을 넘어 영혼까지 사로잡을 수 있는 관계를 만들려면 무엇보다 고객의 마음을 읽을 수 있어야 한다. 단순한 호기심과 우호적인 반응을 넘어 삶의 동반자라 여길 수 있는 브랜드로 키워나가야 하는 것이다.

○ 고객과 하나 되어, 오가다

고객의 이름과 얼굴을 기억하고, 그의 취향까지 파악해 내 마음을 한껏 전했다면 이젠 고객이 나에게 흠뻑 빠지게 만들어야 한다. 일방적인 짝사랑이 아닌 서로 위하고 사랑하는 단계, 그것이 진정한 관계 맺기이다.

"오늘은 평소보다 늦으셨네요. 일이 많이 바쁘셨나 봐요?"

"갑자기 부장님이 호출을 해서요. 갔더니 했던 말 하고 또 하고. 한 시간 동안 귀 따가워 죽는 줄 알았어요."

"아, 지난번에 말씀하셨던 그 잔소리꾼 부장님이요?"

"네, 그분 때문에 스트레스를 받아선지 기운도 없고 으슬으슬 춥기까지 하네요. 아무거나 차 한 잔 주세요."

단골이 된 고객들 중엔 아예 내게 메뉴 선택권을 넘기는 분도 있었다. 오가다 음료는 뭐든 몸에 좋다는 믿음이 생긴 것이다.

"그럼 이 대추감초차 한번 드셔보세요. 대추에 비타민이 풍부해서 피로회복과 감기 예방에 도움이 되거든요."

가을로 접어들면서 갑작스레 기온이 떨어지자 나는 감기 예방에 도움이 되는 새로운 메뉴를 개발했다. 그리곤 따뜻한 차를 찾거나 메뉴 추천을 해달라는 고객들에게 차에 대한 설명을 한 뒤 맛 평가까지 부탁했다.

"지금 드실 거죠? 제가 뚜껑 열어드릴 테니 한 모금 드셔보시고 맛 평가 좀 해주세요. 신메뉴라 아무래도 개선해야 할 점이 있을 텐데, 의견 보태주시면 반영할게요."

"음, 단맛을 그다지 좋아하지 않는 제 입맛엔 이게 딱 좋아요. 설탕 대신 감초로 은은하게 단맛을 낸 게 특히 마음에 들어요. 굳이 개선점을 말해달라면 대추를 고명으로 얹으면 모양도 좋고 식감도 더 좋을 것 같네요."

내친김에 고객은 고명으로 얹을 대추의 모양까지 구체적으로 설명해주었다. 오가다와 고객이 진정으로 하나가 되는 순간이다.

"앗! 그걸 제가 미처 생각 못했네요. 정말 감사합니다. 꼭 반영하도록 할게요."

나는 고객을 향해 엄지를 척 들어 보였고, 고객은 흐뭇한 미소를 지었다. 오가다라는 큰 그림을 완성해 가는 과정에서 자신이 중요한 점 하나를 찍은 것을 아는 것이다. 나는 메뉴나 서비스 등에 관해 고객의 의견을 구하고 적극적으로 반영함으로써 오가다는 그들에 의해 완성되어 간다는 것을 느끼게 해주었다.

"이번 주 일요일에 약속 있어요?"

"아뇨, 별다른 약속은 없어요. 그런데 왜요?"

"그날 우리 애 돌인데 최 사장도 와서 함께 식사했으면 해서요."

"어휴, 그런 일이라면 당연히 가야죠.

결혼 10년 동안 아이가 생기지 않아 마음고생이 심했던 분이었다. 어렵사리 얻은 귀한 자식의 돌잔치에 나를 초대해주니 너무나 반갑고 고마웠다.

고객과의 진정한 교감은 여기서 끝나지 않았다. 돌잔치나 칠순잔치, 결혼식 등 가족 행사는 물론이고 회사의 회식에 나를 불러주는 분들도 있었다. 짐작컨대, 젊은 청년이 하루 종일 좁은 가게에서 일하며 열심히 사는 모습이 안쓰럽고 예뻐 보였던가 보다. 그리고 무엇보다도 자신들과 소통하고 마음을 나누기 위해 적극적으로 다가서는 모습이 기특하고 대견해 보였을 것이다.

"이 대리님, 지금 싱글이시죠?"

"아, 뭐야? 나 싱글이라고 놀리는 거예요?"

"설마요. 혹시 소개팅 하실 생각 있나 해서요. 이 대리님 이상형인 아담한 체형에 천생 여자인 미혼 여성분이 우리 가게 단골이거든요. 그분도 이 대리님처럼 듬직하고 호탕한 남자가 이상형이라고 하셔서 서로 소개라도 해드리면 어떨까 싶어서요."

"지금 당장! 당장 소개해줘요!"

가끔 나는 고객들끼리의 소개팅을 주선하기도 했다. 담장을 허문 적극적인 소통 덕분에 당시 나는 고객들의 신상은 물론 취향, 성격, 심지어 이상형까지 꿰고 있었다. 그러다 미혼 남녀들 중에 정말 잘 어울릴 것 같은 사람들이 발견되면 조심스레 소개를 했다. 물론 세심한 관찰로 이루어진 소개이니 호응도 꽤 좋았다.

내가 고객에게 무엇을 하든 그것은 계산이 아닌 마음에서 나온 것이었다. 당장 차 한 잔 더 파는 것이 중요한 것이 아니다. 그 안에 마음 나눔이 없다면 그 가치는 그저 천 원짜리 몇 장에 불과할 뿐이다. 나는 고객들과 서로를 위하고 마음을 나누는 과정에서 진정한 교감이 무엇인지에 대해 다시 깨닫게 되었다.

진심만이 우군을 만든다

　비즈니스의 세계는 지극히 냉정한 곳이라고 한다. 돈으로 모든 것을 판단하고 관계를 맺는 곳이라고도 한다. 자칫 한눈을 팔거나 실수라도 하면 한순간에 몰락할 수 있는 냉혹한 세상이니 정신을 바짝 차리라는 경고도 수없이 들었다.

　창업 초기에는 하루하루가 기대와 두려움이 교차하는 나날이었다. '첫날처럼 장사가 안되면 어떡하지' 하는 불안감에 휩싸였다가도 하루가 다르게 늘어나는 손님들을 보며 희망과 기대에 부풀기도 했다. 내가 웃고 우는 것은 결국 고객에게 달려 있었다. 그렇게 불안과 기대가 뒤섞이고 냉정한 것이 현실이라 해도 고객과의 관계를 주판알 튕기듯 계산할 수 없다는 것을 새삼 깨닫게 되는 순간들이 종종 있었다.

1호점을 개점하고 얼마 지나지 않았을 때였다. 손님들이 점차 늘어나면서 어느 정도 마음의 여유를 찾게 되자, 나는 직원들에게 고객은 물론이고 주위 분들을 대할 때도 사랑하는 마음과 여유를 잃지 말자고 강조했다.

그러던 어느 날이었다. 주의 깊게 살펴보니 매일 환경미화원 분들이 새벽에 한 번, 오후 5시 즈음에 한 번 우리 매장 주위를 청소하고 있었다. 나는 오후 5시가 되면 그분들에게 차 한 잔씩을 드리기 시작했다.

"아이고, 이거 매번 미안해서 어쩌나? 우리야 이게 늘 하는 일이지만, 사장님은 돈 받고 파는 걸 매일 공짜로 주니 말이야. 오늘은 내가 너무 미안해서 못 받겠어."

"별 말씀을요. 제가 항상 오후 5시 전에 여기 판매대에 차를 준비해 놓을 테니 그저 물처럼 가져다 드세요. 좋은 약재로 우려낸 차라 땀 많이 흘리신 뒤에 도움이 될 거예요."

늘 얼굴을 맞대고 음료를 주고받는 게 민망할 듯하여 아예 판매대 위에 차를 올려놓겠다고 했다. 아무리 청소하는 것이 그분들의 일이라고 해도 내 입장에선 여간 고마운 게 아니었다.

"이모님들, 시원한 음료 한 잔씩 드시고 하세요."

"아휴, 이 총각들이 또 음료를 들고 왔네. 매번 얻어먹기가 미안하니까 오늘은 꼭 돈 받아 가."

식사 시간이면 근처 식당들을 돌아가며 밥을 먹었는데, 그때마다 우리는 음료를 챙겨가서 식당 분들에게 대접했다.

"저희가 고마워서 드리는 건데 돈을 받다니요. 반찬도 푸짐하게 주시고 일부러 손님도 보내주시고, 항상 감사드립니다."

나는 주위 분들과의 관계를 아주 소중하게 생각했다. 그래서 우리 매장을 찾는 고객뿐만 아니라 우리 매장 주변의 상인들과도 서로 친근한 관계를 유지하려고 노력했다. 음료는 그저 매개체일 뿐 나와 직원들은 늘 그분들에게 친근하게 굴었고, 하나라도 더 챙겨드리려고 애썼다. 그런 우리 모습이 예뻐 보였는지 언젠가부터 주위 상인들도 우리를 챙겨주기 시작했다. 자신의 점포에 우리 가게 홍보 전단지를 비치해놓고는 식사를 마친 손님들에게 우리 오가다를 적극 홍보해주셨던 것이다.

○ 계산기부터 내려놓으라

당시 두 평 매장은 내게 집 이상의 공간이었다. 그곳에서 하루의 대부분을 보냈고, 꿈을 완성시켜 나갔다. 그러니 그곳에서 만나는 모든 이들이 내겐 소중하고 고마운 존재일 수밖에 없었다.

고객은 나의 꿈을 완성시켜주는 분들이었고, 이웃 상인들은 동료이자 친구였다. 나를 아껴주고 예쁘게 봐주는 그들의 마음은 고스란히 내 안에서 긍정의 에너지가 되었다. 그리고 때로는 예상치도 못한 큰 도움을 받기도 했다.

대학 시절, 월드컵 시즌을 맞아 붉은 악마 티셔츠를 팔 때였다. 나는 장사를 시작하기 전에 주변에서 장사를 하는 분들에게 티셔츠를 먼저 쭉 돌렸다. 잘 부탁드린다는 인사였던 셈이다. 그런데 장사를 시작하자마자 우리는 자릿세 시비에 휘말렸다. 그때 감사하게도 주변 상인들이 모두 막아서며 우리를 지켜주었다. 감동으로 코끝이 찡해진 순간이었다.

오가다 1호점을 할 때도 비슷한 일이 있었다. 사무실 밀집 지역은 보통 오후 2시에서 3시 사이가 되면 한산해진다. 거리에도 오가는 사람이 별로 없는데, 한동안 그 시간에 근처에서 도로 정비 공사를 한 적이 있다. 때는 한여름이었다. 나는 직원에게 음료를 만들게 했다.

"저기서 공사하는 분들 보이지? 두세 분 되는 것 같은데, 시원한 음료 좀 드리고 와라."

"아니 왜요? 가뜩이나 손님이 없어서 죽을 맛인데, 지금 누가 누구를 챙겨요!"

군 복무를 할 때 우리 소대원이었던 그 직원은 오가다에 대한 애정이 넘친 나머지 공짜 음료를 남발하다 혹시 망하는 건 아닐까

늘 걱정을 했다.

"그런다고 우리 가게 안 망한다. 걱정 말고 어서 전해 드리고
와."

구시렁대며 공사현장으로 갔던 직원은 어쩐 이유에선지 음료
를 그대로 들고 돌아왔다.

"뭐야? 왜 다시 갖고 와?"

"큰일 났습니다. 막상 가보니 두세 분이 아니고 80여 분 정도
가 계시더라고요."

"헉!"

나 역시 잠시 할 말을 잃었지만, 이내 마음을 정했다.

"기왕 드리기로 마음먹었으니 그냥 다 드리자. 자, 얼른 음료
만들자."

직원은 어이가 없다는 표정을 지었다. 그래도 나는 고집을 부
려서 음료 80여 잔을 만들어 현장에 가져다 드렸다.

"젊은 사장님, 음료수 시원하게 잘 마셨어요. 복 받으실 거예
요!"

작업을 마치고 돌아가는 길에 그분들은 우리 매장에 들러 인사
도 하고 덕담도 해주었다. 개중에는 음료를 한 잔 더 사 가는 분도
있었다. 그저 더운 날씨에 공사하는 분들이 안쓰러워 대접해드렸
던 것인데, 그런 인사를 받으니 오히려 내가 더 큰 선물을 받은 느
낌이었다.

다음날도 공사가 이어졌는데, 도로 정비를 하는 것이라서 공사장 인근의 도로에 있던 점포들의 옥외간판이나 엑스배너를 다 철거시켰다. 공용부지라서 상점들이 몰래 설치하면 공무원들이 단속을 했다. 우리도 공사 전부터 엑스배너를 설치하고 있었다. 언제 나올지도 모를 단속 때문에 엑스배너를 철거할 수도, 그렇다고 하루 종일 단속에 대비해 긴장하고 있을 수도 없는 노릇이었다.

그런데 나는 감사하게도 공사장 인부들 덕분에 이런 걱정을 내려놓을 수 있게 됐다. 단속 정보를 사전에 알 수 있었던 그분들이 우리 것을 미리 치웠다가 단속이 끝나면 다시 설치해주었던 것이다. 단속 시간대만 가르쳐 줘도 감사할 일인데, 직접 치워주고 다시 꺼내주기까지 하니 감동 그 자체였다.

이런 감사한 경험들 덕분에 나는 진심의 힘이 얼마나 큰지를 새삼 깨닫게 되었다. 80여 명의 인부들이 있다는 사실을 알았을 때 계산기를 두드렸다면 음료를 드리겠다는 마음을 접었을 것이다. 그런데 그때 내겐 계산기로 계산할 수 없는 어떤 마음이 앞섰었다. 그리고 그런 진심이 통했기에 이후 그분들은 우리 매장의 음료도 사 가고 엑스배너도 챙겨준 것이다.

장사나 사업을 할 때는 최대한 모든 사람들의 우군이 되어야 한다. 매장에서 맞이하는 고객만이 다가 아니다. 이웃이나 거래처 사람들과도 좋은 관계를 유지해야 한다. 물론 그 바탕에는 이해득실이 아닌 감사의 마음과 사랑이 있어야 한다. 인간관계는 상호작용이다. 내가 고마움을 표시하면, 상대방도 긍정적으로 반응한다. 진심을 느낄 수 있기 때문이다.

일본의 유명한 패스트푸드 업체인 모스버거는 경쟁업체와는 차별화된 모습으로 성공을 거두었다. 모스버거의 직원들은 매일 아침 동네 청소를 하고 다니면서 주민들에게 인사를 건넸다. 홍보를 하기 위해 어깨에 띠를 두르고 전단지를 나눠주는 게 아니라 마치 한 동네 주민처럼 청소를 하면서 자연스럽게 인사를 나눈 것이다. 그 덕분에 주민들은 모스버거를 단순한 가게가 아니라 동네 이웃으로 받아들이게 됐다.

작은 점포일수록 그 지역의 일원이 되어야 한다. 장사만 하고 퇴근한 뒤에 훌쩍 떠나버리는 돈벌이 공간이 아니라 삶의 터전으로 받아들여야 한다. 그래야 그 상권 안의 잠재 고객들도 마음을 열고 가게를 찾지 않겠는가.

○ 비즈니스를 넘어 사람을 만나라

'벼는 농부의 발자국 소리를 들으며 자란다'는 말이 있다. 부지런히 오가며 정성을 쏟아야만 벼가 무럭무럭 잘 성장할 수 있기 때문이다. 사람 관계도 정성을 들이는 만큼 성장한다. 먼저 관심을 보이며 다가가고 진심을 전할 때 신뢰와 애정의 관계로 성장할 수 있다.

"사장님, 시원한 음료 한 잔 드십시오."

나는 1호점 점포를 소개해줬던 부동산중개소에도 종종 음료를 가져다 드렸다. 권리금을 파격적으로 깎은 것도 그분의 도움이 컸지만, 장사까지 잘되니 감사하는 마음이 컸다.

"아휴, 뭘 또 가져오나. 대박 점포 사장님답게 인심이 넉넉하기도 하네. 하하."

우리 매장은 개점 2주쯤 됐을 때부터 꾸준히 손님이 늘어 8월 말이 되자 점심시간이면 길게 줄을 서야 할 정도가 되었다. 매출도 하루 100만 원 가까이 유지됐는데, 며칠 매출만으로도 직원들 인건비와 임대료, 관리비가 빠졌다.

"그런데 헤어스타일 바꾸셨네요? 5년은 젊어 보이세요."

"그래요? 하하. 내가 우리 젊은 사장이 너무 싹싹하고 사람들한테도 잘해서 특별히 좋은 정보 하나 줄게."

"좋은 정보라니요?"

"종로구청 바로 옆에 재개발구역이 있는데, 그쪽에 있는 건물 중에 권리금이 없는 자리가 나왔거든. 전에 그랬잖아. 장사가 잘되면 2호점 낼 거라고."

"아, 그렇긴 한데…."

사실 나는 1호점을 내고 최소 1년 정도는 지켜본 뒤 2호점을 낼 계획이었다. 사계절을 모두 지켜보며 메뉴나 서비스 등이 제대로 자리 잡힌 뒤에 2호점을 내면 좋겠다고 생각했기 때문이다.

부동산중개소에서는 말 나온 김에 한번 보기나 하라며 내 손을 잡아끌었다. 그분이 소개해준 점포는 여섯 평짜리 공간이었다. 두어 달 두 평 공간에 있다가 여섯 평 공간에 들어서니 엄청 넓어 보였다. 보증금도 그리 비싼 편은 아니었다. 재개발이 예정된 지역으로, 언제 다시 나와야 할지 모르는 상황이라 권리금도 없고 보증금이나 월세도 싼 편이었다. 1호점의 하루 평균 매출이 100만 원 정도였으니 한 달이면 충분히 보증금을 마련할 수 있을 것 같았다.

"하겠습니다. 제가 바로 계약하겠습니다."

나는 1호점과 가깝기도 한 그 공간이 무척 마음에 들었다. 공간이 넉넉한 그곳에서 음료를 만들어서 1호점에 공급하면 생산과 물류, 판매를 한꺼번에 해결할 수 있을 것 같았다.

나는 곧바로 임대계약을 맺고 공사를 시작했다. 1호점을 직원에게 맡겨놓고, 2호점 개점 준비에 매달렸다. 이때도 자금이 넉넉지 않아 1호점 때처럼 직접 공사에 참여했다. 한 푼이라도 아끼기 위해서였다. 두 달여 동안 벌어놓은 돈을 2호점 보증금으로 전부 썼고, 날마다 1호점의 매출금을 가져와 공사대금을 결제해줬다.

어수선한 분위기에서 개점한 2호점이었지만, 1호점과 달리 첫날부터 손님들이 제법 찾아왔다. 비슷한 상권 안이라 1호점의 유명세 덕을 본 듯했다.

"오가다 차는 맛도 꽤 괜찮지만 건강에도 좋다니 자꾸 먹게 되네."

"거기 직원들은 착하고 일도 싹싹하게 잘하는 친구들이야."

주위의 상인들이나 손님들은 고맙게도 오가다는 물론 나와 직원들에 대해 긍정적으로 평가해주었다. 덕분에 2호점을 개점한 후에는 1호점 개점 첫날 느껴야 했던 당혹스러움은 느끼지 않아도 됐다. 오히려 성공에 대한 확신이 더욱 커졌다.

"와우! 1호점 개점 석 달 만에 2호점을 여셨다고요? 정말 축하드려요. 대박나세요."

"2호점 근처에 거래처가 있는데, 오가다 꼭 소개해 드릴게요. 대박나세요."

1호점을 운영하며 내가 꼼꼼히 메모를 해둔 단골 고객은 500여 분에 달했다. 그분들 중 30여 분이 2호점 개점 첫날 내게 축하의 인사를 전해왔다.

때로는 소소한 진심을 전하는 것만으로 예상치 못한 귀한 선물을 받기도 한다. 내게 1호점을 소개해준 부동산중개사 분을 비즈니스 관계로만 여겼다면 그 관계는 중개수수료를 주고받은 것으로 끝났을 것이다. 하지만 나는 좋은 점포를 소개해 준 그분에게 늘 감사한 마음을 가졌고, 가끔 음료를 전하는 것으로라도 그 고마움을 표현했다. 이런 진심과 정성이 더 좋은 선물로 내게 돌아온 것이다.

날아라, 오가다

비록 두 평짜리 허름한 가게에서 시작했지만 내 꿈은 누구보다 원대했다. 오가다 1호점 간판을 내걸며 힘차게 태극기를 휘날렸듯이 나는 대한민국을 넘어 세계 시장에 오가다를 심으려는 야망도 있었고, 그럴 자신도 있었다.

1호점에 이어 2호점까지 성공하고 나니 더 크게 도약할 날이 머지않았음을 느낄 수 있었다. 오가다 매장을 내게 해달라고 찾아오는 사람도 있고, 프랜차이즈 기업으로 인큐베이팅 해주겠다며 연락해오는 회사도 있었다.

"오가다 가맹점을 내주실 생각은 없으세요? 우리 부부가 한번 해보고 싶은데요."

"오가다를 프랜차이즈 기업으로 키워드리겠습니다. 저희를 믿고 한번 맡겨주십시오."

"죄송합니다. 우리는 프랜차이즈 사업은 안 합니다. 투자를 받아서 직영점 형태로 키워나갈 겁니다."

처음 창업을 준비할 때부터 나는 매장을 직영점 형태로만 확장하겠다는 계획을 가지고 있었다. 브랜드가 망가지지 않게 잘 관리하고 제대로 성장시키려면 프랜차이즈보다는 내가 살뜰히 돌볼 수 있는 직영점 형태가 낫겠다고 판단했다.

"매장을 직영점으로만 늘리실 계획이라고요? 그렇다면 저희가 투자를 하면 안 될까요?"

"혹시 가맹점을 내주실 계획이 있으시면 저희에게 꼭 연락을 주십시오."

가맹점과 직영점에 대한 투자 문의가 이어지는 데다 그 열정들도 대단해서 더는 판단을 미룰 수가 없었다. 특히 오가다를 직영점 형태로 계속 확장해 나가려면 사업 형태를 법인으로 전환해야 하는 등 해결해야 할 일이 많았다. 전문가의 조언이 절실히 필요했던 나는 당시 회계사로 일하고 있던 친한 선배를 찾아갔다.

"요즘 부쩍 프랜차이즈와 직영점 투자 문의가 이어지네요. 이젠 장사가 아닌 사업으로 도약해야 될 때인 것 같은데 무턱대고 시작하기에는 제가 법인에 대해 아는 게 너무 없어서요."

나는 법인 설립에 대해 인터넷으로 검색해보고 책도 사서 봤지만 쉽지 않다며 선배에게 도움을 요청했다.

"그거야 당연히 내가 도와줘야지. 그런데 말이야, 직영점 투자, 그거 그냥 내가 할까? 아직은 초기인 만큼 투자제안도 신중하게 판단해야 하잖아. 게다가 장사가 그렇게 잘되는데 괜히 남 주는 것도 아깝잖아."

"네? 정말이에요? 저야 형이 투자해주면 너무 감사하죠."

"그래, 그럼 내가 투자할게. 네 말대로 법인으로 전환하고 생산시설도 갖추고 3호점도 출점해보자."

선배는 대학교 때 나와 가장 친하게 지내던 사이로, 우리 둘은 서로에 대해 누구보다 잘 알고 있다고 할 수 있었다. 회계법인에서 대기업의 회계감사를 주로 하고 있는 선배는 기업 내부 시스템이나 운영 프로세스에 대해서도 잘 알고 있는 전문가였다. 그런 형이 함께하자고 손을 내미는데 마다할 이유가 없었다. 능력 있고 신뢰할 만한 사람을 찾던 차에 마침 딱 맞는 사람이 바로 옆에 있었던 것이다. 망설임 없이 나에게 투자를 해준 그 선배는 이후 오가다의 부대표이자 CFO로서 나의 든든한 파트너가 돼주고 있다.

회계사 선배로부터 투자를 받은 나는 곧 3호점 개점 준비에 들어갔다. 그리고 2호점 가까이에 별도의 건물을 마련해 사무실과 생산시설을 갖추고 식품제조가공업 등록과 법인 등록도 했다. 휴게음식업으로 시작한 자영업자가 식품을 가공·판매하는 사업가로 한 발짝 성장의 걸음을 내딛은 순간이었다.

O **꿈의 크기에 맞는 시스템을 선택하라**

2009년 7월 27일 1호점을 개점한 후 정확히 5개월째 되던 12월 27일. 오가다는 드디어 3호점을 개점했다. 창업을 하고 반년도 채 되지 않았는데, 오가다는 3호점 개점은 물론 생산시설과 법인 등록까지 할 만큼 거침없이 성장해 갔다. 그러는 사이에 오가다 매장을 해보고 싶다며 찾아오는 사람들도 점점 늘어났다. 월급을 받지 않아도 좋으니 매장에서 일을 배우게 해달라며 찾아오는 분도 있었다.

"사장님, 내가 가장 먼저 가맹 1호점을 하고 싶어서 그래요. 그러니 가맹사업을 시작하기 전에 미리 일부터 배웁시다. 나 월급 안 받아도 괜찮아요."

이런 분이 한둘이 아니다보니 마냥 거절할 수만은 없었다. 당시 나는 프랜차이즈 사업의 긍정성에 대해 재고하고 있던 중이었다. 직영점 세 개를 관리하다 보니 새벽부터 밤늦은 시간까지 정신없이 움직여도 늘 시간이 빠듯했다. 그러다보니 직영점이 열 개가 되고 스무 개가 되면 과연 내가 지금처럼 해낼 수 있을지 염려가 됐다.

'매장이 늘어나는 만큼 한 곳 한 곳에 쏟는 시간과 정성도 줄어들 텐데, 과연 지금과 같은 방식을 고집하는 게 맞을까?'

아무리 직영점이라고 해도 몸이 여러 개가 아닌 이상 일일이 내 손으로 돌보며 성장시키기는 어려울 듯했다. 직영점의 한계에 직면한 나는 저만치 제쳐놓았던 프랜차이즈 사업에 대해 다시 생각하게 됐다.

계획에 없었던 데다가 프랜차이즈 가맹사업에 대한 정보나 지식이 많지 않았던 탓에 나는 우선 공부부터 시작했다. 오가다와 프랜차이즈 시스템을 접목했을 때의 득과 실에 대해 꼼꼼히 따져보기로 한 것이다. 책이나 언론기사 등을 보며 체계적으로 공부도 하고, 주위에서 프랜차이즈 사업이나 가맹점을 하는 분들을 찾아가 생생한 조언을 구하기도 했다.

프랜차이즈 사업의 장점은 분명했다. 소규모 매장 하나를 내는 데 대략 2억 원 정도의 자본이 든다고 가정하면, 직영점 시스템에서 30호점까지 내는 데는 60억 원이라는 큰돈이 필요하다. 한마디로 내게 돈이 없으면 하기 힘들다. 투자를 받든 대출을 받든 내 수중에 돈이 있어야 하는 것이다. 그런데 프랜차이즈 사업은 각각의 가맹점주가 그 비용을 부담하기 때문에 돈이 없는 소상공인도 대기업처럼 사업을 전개해나갈 수 있다. 그리고 속도를 내는 데도 프랜차이즈 시스템이 압도적으로 유리하다.

프랜차이즈 방식이든 직영점 방식이든 장단점은 분명했다. 그리고 어느 쪽을 선택하든 올바른 운영 시스템이 갖춰지지 않으면 브랜드의 가치 하락을 피할 수 없다. 결국 운영 형태가 아니라 시스템의 문제라는 생각이 들었다. 나는 프랜차이즈의 장점에 시스템을 입힌다면 내 꿈을 이루는 데 훨씬 더 유용하겠다는 판단이 들었다.

편견을 깨고 나니 프랜차이즈 사업을 거부할 이유가 없어졌다. 누구나 처음 가는 길은 두렵다. 그것이 길인지 아닌지는 일단 가봐야 알 수 있듯이 답은 처음부터 정해져 있는 것이 아니라 이리저리 부딪치며 찾아가는 것이다. 그러려면 작은 불빛 하나를 보고도 일단 걸음을 떼야 한다.

"형, 이제 우리 죽을힘을 다해 힘껏 날아봐요?"

"결정했구나. 이왕 마음먹었으니 우리 제대로 열심히 해보자!"

동업자 선배도 내 결정을 흔쾌히 지지해주었다.

프랜차이즈 사업에 대한 가능성을 열어두고 도전을 하려니 가뜩이나 바쁜 걸음이 더 바빠졌다. 기업공개를 준비하고, 물류와 발주 시스템을 구축하고, 또 매장마다 통일된 서비스가 이루어질 수 있도록 매뉴얼을 만들고, 매장 가맹과 관리를 위한 슈퍼바이징을 준비하는 등 할 일이 태산이었다. 젊음이 무기인 나와 동업자 선배는 눈앞의 과제는 무조건 재빨리 해결해야 한다며 일사천리로 일을 하나씩 완수해 나갔다.

2010년 4월, 드디어 여의도에 1호 가맹점을 개점했다. 창업한

지 1년도 되지 않아 오가다의 네 번째 매장이자 1호 가맹점이 문을 연 것이다. 가맹점 1호 점주는 가맹사업을 시작하기 전에 미리 직영점 매장에서 음료 만드는 방법과 매장 운영 방법, 서비스 방식 등을 익혔다. 열정과 간절함 덕분인지 가맹점 첫 주자이자 오가다 4호점은 예상대로 문전성시를 이루며 성공을 거두었다.

그리고 곧이어 광화문 근처에 5호점을 개점했는데, 역시 기대 이상의 매출을 올려주었다.

직영점 세 곳과 가맹점 두 곳에서 성공을 거두고 나니, 가맹 문의가 감당하기 힘들 정도로 폭주했다. 그때의 프랜차이즈 사업은 별도의 설명회도 없이 이루어졌다. 일들이 너무나 급작스레 진행된 터라 그런 것들을 준비할 시간이 없었다. 그러니 가맹 문의가 들어와도 응대할 사람이 나밖에 없어서 일일이 다 대응하지 못하기 일쑤였다. 그럼에도 불구하고 2010년 한 해 동안 20호점까지 개설했으니 그 열풍이 얼마나 대단했겠는가. 오죽하면 오가다를 흉내 낸 한방차 음료 프랜차이즈들이 속속 등장했을까.

물론 오가다가 지금의 성장을 거두기까지 좌충우돌도 했고 좌절의 시간도 있었다. 시스템의 허술함, 인사의 미흡함, 소통의 불만 등 곳곳에서 크고 작은 문제들이 터져 나왔다. 당연한 일이었다. 태어나면서부터 훨훨 날 수 있는 새는 없지 않은가.

온실 같은 따뜻한 알 속에서 나는 한국 전통차 카페 사업이라는 꿈을 키웠고, 그것을 실현시키고자 과감히 알을 깨고 나왔다.

그리고 미흡하나마 아장거리며 발걸음을 뗐고, 도약의 순간에는 힘껏 날개를 펼치며 날아오르기도 했다. 하지만 단 한 번의 비상으로 먼 길을 날아가는 새는 없다. 주저앉고 다시 날아오르기를 반복하면서 마침내 새는 힘차고 안정적인 비상을 하게 되는 것이다.

창업 첫해인 2009년 이후 오가다의 직영점과 가맹점은 계속 늘어나 2017년 4월 현재 100호점까지 개설했다. 그 사이에 쉐이크 전문 브랜드인 '오쉐이크' 등 서브 브랜드들도 런칭했다. 2010년 10억 원을 기록한 매출은 2011년 24억 원, 2012년 36억 원, 2013년 52억 원을 달성하는 등 매년 최소 30% 이상 성장했고, 현재는 약 100억 원을 기록하고 있다. 물론 다른 쟁쟁한 프랜차이즈 기업들에 비하면 내세울 만한 가맹점 수도, 매출액도 아니다. 그럼에도 나는 이런 성과가 몹시 자랑스럽고 뿌듯하다. 오가다가 첫발을 내딛은 2009년부터 지금까지 매년 꾸준히 성장하며 차근차근 계단을 오르고 있기 때문이다. 게다가 오가다는 이제 겨우 여덟 살, 나는 서른네 살이다. 이제 갓 날기 시작한 우리가 어디까지 날아오르게 될지는 아무도 모를 일이다.

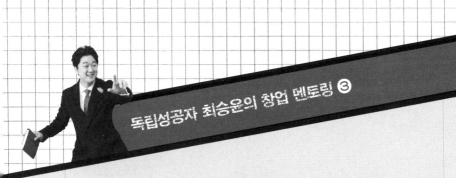

우수한 프랜차이즈 브랜드를 선택하는 기준

수십 년간 근무하던 회사를 은퇴하면서 받은 퇴직금으로 소규모 점포를 창업하려는 이들이 늘고 있다. 평균수명이 늘어난 만큼 연금만으로는 노후를 보장받을 수 없기 때문이다. 이때 많은 분들이 프랜차이즈 가맹점을 할까, 아니면 나만의 브랜드를 만들어서 소위 말하는 '나홀로 창업'을 할까를 고민하게 된다.

장단점이 서로 극명하게 다른 두 가지 방식이지만, 답은 이미 정해져 있다고 해도 과언이 아니다. 최소한 우리나라에서 만큼은 프랜차이즈가 유리하다. 서울시의 조사에 따르면, 서울에서 창업한 나홀로 창업과 프랜차이즈 점포의 3년(2011~2014년)간의 생존율은 각각 58.4%, 73%였다고 한다. 국내 소비자들이 맛이나 서비스가 미덥지 않은 나홀로 창업보다는 표준화된 서비스로 일정 수준 이상의 만족감을 제공하는 프랜차이즈를 더 선호하기 때문인 것으로 분석된다.

고민 끝에 프랜차이즈 가맹점 창업을 선택했다면, 이제 수많은 프랜차이즈 브랜드 중 옥석을 가리는 일이 중요한 과제로 남는다. 국내 5,173개(2015년 말 기준, 공정거래위원회)나 되는 프랜차이즈 브랜드 중 어떤 브랜드를 선택하느냐는 성공적인 창업을 위한 중요한 요소로 작용한다. 특히 우리나라는 국내총생산(GDP) 규모에 비해 프랜차이즈 브랜드 수가 기형적이라 할 만큼 많은 편이다. 가까운 일본의 경우, 국내총생산 규모가 우리나라보다 약 세 배나 많지만 프랜차이즈 브랜드 수는 한국의 1/4(약 1,300개)에 불과하다. 게다가 전체 브랜드 수에서 외식업이 차지하는 비중이 일본은 약 42%인 데 비해 우리나라는 71%에 가까운 수준이니 외식업을 하고자 하는 사람들은 브랜드 선정에 더욱 신중을 기해야 한다.

우수한 프랜차이즈 브랜드를 선택하기 위한 첫 번째 방법은, 통계를 기초로 한 정보를 활용하는 것이다. 공정거래위원회 가맹사업거래 사이트(http://franchise.ftc.go.kr/main/index.do)에 들어가면 국내 모든 프랜차이즈의 정보공개서와 업종별, 가맹본부별, 브랜드별 비교 정보를 손쉽게 구할 수 있다.

프랜차이즈 브랜드의 옥석을 가릴 때 가장 먼저 솎아내야 할 대상은 그야말로 무늬만 프랜차이즈인 브랜드이다. 실제로 총 매장 수 다섯 개 미만인 브랜드가 전체의 50%에 해당할 정도로(2,559개) 우리나라에는 영세 프랜차이즈 브랜드가 난립하고 있다. 물론 갓 태어난 신생 브랜드인 경우 그 성장 가능성을 고려해야 하지만, 그럼에도 안전하다고 장담할 수는 없으니 이 역시 주의해야 한다.

이에 비해 총 매장 수가 50개가 넘는 브랜드는 전체의 약 13%인 675개, 매장 수가 100개가 넘는 브랜드는 전체의 약 7% 수준인 371개에 불과하다. 우리나라는 프랜차이즈 브랜드가 지나치게 많은 만큼 그 생존율도 낮은 데다 가맹점이나 직영점 개설 성과도 부진할 수밖에 없기 때문이다.

프랜차이즈 브랜드에서 직영점과 가맹점을 합한 전체 매장의 수가 상징하는 바는 크다. 일반적으로 매장 수 50개 미만인 브랜드는 규모의 경제를 통한 구매 원가 절감이나 전사적인 브랜드 홍보에 따른 혜택이 매우 제한적이다. 또 타 업종에 비해 짧은 국내 프랜차이즈 브랜드 생존 주기(대개 5년 내외로 봄)를 고려할 때, 전체 브랜드 열 개 중 한 개 정도만이 본사가 안정적이라고 해도 과언이 아니다. 다시 말해 '안정성을 우선으로 해서 업력 5년 이상, 총 매장 수 50개 이상인 브랜드 중에서 선택하겠다'는 식의 분명한 기준을 세우고 접근한다면 부실한 프랜차이즈 브랜드를 90% 이상 솎아낼 수 있다.

우수한 프랜차이즈 브랜드를 선택하기 위한 두 번째 방법은, 가능한 한 본사를 직접 방문하고 대표를 만나봐야 한다는 것이다. 가맹사업자는 가맹 본사에 종속되는 존재가 아니라 대등한 입장에서 계약관계를 바탕으로 하는 독립사업자다. 프랜차이즈 창업을 하기 위해서는 창업 비용으로 적게는 수천만 원에서 많게는 수억 원을 투자하고, 기간도 수 년 혹은 수십 년간 파트너십을 유지하는 가맹계약을 체결해야 한다. 그런데 가맹 본사에 한 번도 방문하지 않고 본사의 대표가 누군지도 모른 채 계약을 진행한다는 것은 참으로 어리석은 일이 아닐 수 없다.

내 돈과 시간, 열정을 실체가 아닌 이미지에만 투자하고 싶지 않다면 번거롭더라도 꼭 본사에 방문해서 대표와 이야기를 나눠보고 직원들의 표정과 회사 분위기를 살펴보길 권한다. 그 정도만으로도 기본적인 '촉'이 올 것이다. 감추려는 것이 많고 방문을 피곤해 하고 분위기가 어두운 회사는 가급적 피하는 것이 좋다.

마지막으로 프랜차이즈 브랜드가 결정됐다면, 수익률이 높은 가맹점과 낮은 가맹점을 고루 방문해 그 이유를 분석해보아야 한다. 어떤 브랜드라도 잘되는 매장이 있고 안되는 매장이 있게 마련이다. 직접 방문해서 상품을 구매하고 서비스도 경험해보며 나름의 이유를 분석해보라. 그리고 가맹점주와도 최대한 대화를 많이 나누면서 해당 브랜드의 가맹점을 어떠한 상권이나 입지에서, 어느 정도 평수로, 어떤 영업 방식으로 운영할 때 효율이 높은지 나름대로 분석하고 통찰해볼 필요가 있다. 이런 과정들을 통해 그 브랜드가 나에게 맞는 옷인지 맞지 않는 옷인지 자연스럽게 판단할 수 있다.

취업은 짧고 사업은 길다

03

나만의
핵심가치에
집중하라

세상에 유일한 것은 경쟁자가 나타나
나를 뛰어넘기 전까지는 최고의 자리에 있게 된다.
그리고 그것이 곧 중심이 된다.
창업을 하는 것이 단순한 돈벌이가 아닌
나를 찾고 행복하기 위한 선택이라면,
나만의 색깔부터 찾아야 한다.
그것이 남들과 다른 것이라면
굳이 어떤 틀에 끼워 맞출 필요가 없다.
전혀 다른 새로운 시장을 창조해서
최고가 되고 중심이 되면 된다.

정답이 아닌 나만의 답을 만들어가라

고등학교 때까지 나를 알던 친구들은 지금의 내 모습을 무척이나 의아해 한다. 안정적인 대기업에 취직해 대리가 되고 과장이 되었을 거라 짐작했는데, 내가 사업을 한다고 하니 말이다. 그것도 이름조차 생소한 '코리안 티 카페'라니!

"네가 정말?"

"어떻게 네가?"

이런 말이 나올 만도 했다. 고등학교를 졸업할 때까지 나는 정해진 울타리 안에서만 살았다. 학생회장이 되었을 때도 획기적인 혁명을 꾀하기보다는 정해진 틀을 벗어나지 않는 선에서 더 나은 학교생활이 되도록 하는 데 최선을 다했다. 그 안에서 어떻게 하면 최고를 추구할 수 있을까를 고민했을 뿐, 단 한 번도 그 울타리를 무너뜨리거나 훌쩍 뛰어넘어야 한다고는 생각하지 못했다.

대학에 합격한 후 겨울방학 동안 우리 가족은 중국으로 여행을 다녀왔다. 고등학생 시절 교환학생으로 러시아에 다녀온 적은 있지만 관광을 목적으로 마음 편히 외국을 돌아다닌 건 그때가 처음이었다. 그래서인지 보는 것마다 연신 감탄사가 터져 나왔다. 특히 중국의 만리장성과 자금성은 그 규모와 위용이 한국과는 비교가 되지 않았다.

"이야! 중국의 자금성을 보니 우리나라 경복궁은 궁궐도 아니더라. 자금성이 경복궁의 100배 규모라는데, 얼마나 넓고 크던지!"

"정말 그렇게나 커?"

"그래, 가이드가 자금성이 얼마나 대단한 건축물인지 설명하는데, 우와 소리가 저절로 나오더라고."

당시 내 마음은 한국이라는 좁은 울타리를 벗어나 더 큰 세상을 접하고 온 감동과 중국 건축물의 규모와 위용에 대한 감탄, 그리고 상대적으로 초라한 우리나라 건축물에 대한 부끄러움 등이 복잡하게 얽혀 있었다. 그런데 얼마 지나지 않아 그 또한 울타리 안의 편협한 사고임을 깨닫게 되었다.

겨울방학 동안 학교에서 대학에 합격한 학생들을 대상으로 인문학 강의를 개설했는데, 나는 두 가지 강의를 신청했다. 그중 하나가 '해석학의 이해'라는 강의였다. 그 강의는 내게 너무나도 큰 충격을 안겨주었다. 단 한 번도 삐뚤어진 시선으로 세상을 바라본 적 없던 내게 그 강의는 세상을 삐뚤어지게, 여러 각도로 바라볼 필요가 있다고 말해줬다.

어느 날은 〈라쇼몽〉이라는 일본 영화를 보여준 후 학생들에게 영화에 관한 몇 가지 질문을 던지기도 했다. 영화의 스토리는 겉으로 보기에는 단순한 살인사건이었지만 각 등장인물의 시선에 따라 전혀 다른 해석이 가능했다. 그리고 영화에 대한 학생들의 해석 또한 여러 관점에서 이루어졌다.

"아, 어쩌면 자금성보다 우리의 경복궁이 100배는 더 멋진 건축물일 수도 있겠군!"

크기와 방의 개수로만 따지자면 자금성이 멋져 보일지도 모른다. 하지만 규모가 아닌 아름다움과 섬세함을 기준으로 본다면 해석이 달라진다. 생각이 여기에 미치자 가이드의 안내를 비판 없이 들으며 자금성에 감탄하고 우리 문화와 비교했던 나 자신이 부끄러워졌다.

이전까지의 나는 모든 문제에는 정답이 정해져 있다고 생각했었다. 그래서 최대한 그 정답을 찾으려고 노력했다. 또한 이후에 펼쳐질 삶도 시험문제를 풀 듯이 답을 맞춰가는 것이라고 여겼었다. 그런데 그 수업을 들은 후 나는 정답을 좇기보다는 다양한 해석을 인정하고, 나만의 답을 만들어가는 것이 더 중요한 일임을 깨닫게 되었다.

O 나만의 것이 있다면 그것이 곧 세상의 중심!

전통차, 청년 창업, 테이크아웃, 스타벅스 도전장, 이 모두가 오가다를 설명할 때 나오는 단어들이다.

그런데 이 단어들로 문장을 만들어보면 제법 흥미롭다.

"청년이 전통차 사업을 한다."

"전통차를 테이크아웃 한다."

"전통차 카페가 스타벅스에 도전장을 내밀었다."

모두가 커피라는 한 방향을 바라보고 있을 때 나는 다소 낯선 조합들로 나만의 시장을 만들어냈다. 강한 확신이 있었다기보다는 그저 남들 뒤만 좇는 것이 아닌 나만의 색을 찾고 그 길을 가고 싶다는 마음이 강했다. 비록 그 길이 아무도 가지 않은 척박한 길일지라도 사람들에게 도움이 되는 길이고 누군가 가야할 길이라면 내가 먼저 가보고 싶었다.

"전통찻집을 하겠다고? 요즘 커피가 대세인데 뜬금없이 전통차는 왜?"

"그러게. 너 이제 겨우 스물여섯 살인데 노인네들이나 드나드는 고리타분한 전통찻집을 하겠다고?"

"전통찻집이 아니라니까. 한국 전통차를 테이크아웃 해서 파는 현대적인 음료 매장을 만들 거라고."

"그러니까. 그게 전통찻집이잖아."

전통차를 팔겠다고 하니 친구들 중 몇몇은 기존의 전통찻집을 떠올리며 황당하다는 듯 내게 노골적으로 묻기도 했다. 커피가 대세이기도 했지만 전통차가 가지고 있는 고리타분한 이미지 탓이었다.

"우와! 네가 말했던 게 바로 이런 거구나!"

"전통차가 이렇게 현대적으로 세련되게 해석된다는 게 정말 놀라워."

오가다 1호점을 개점한 후 실제 매장을 방문한 친구들은 그제야 내가 했던 말이 이해됐다며 고개를 끄덕였다.

"그나저나 이런 기발한 아이디어는 도대체 어떻게 나오는 거니?"

"기발하긴. 그냥 우리의 전통차를 재해석한 것뿐이야."

전통차 테이크아웃 매장은 사실 '기발하다', '획기적이다'라고 할 만큼의 아이디어는 아니다. 그저 우리의 전통차를 재해석해보려 노력한 결과였다. '고리타분하다', '맛이 없다', '복잡하다', '올드하다', 심지어 '중국이나 일본에 비해 뒤떨어진다' 등 한국 전통차에 대한 많은 고정관념들이 있었다. 나는 전통차를 재해석하기 위해 제일 먼저 이런 고정관념부터 던져버렸다. 나를 가두고 있던 틀을 깨고 나와 새롭고 참신한 시각으로 전통차의 장점들을 찾았다. 그리고 그것을 현대적인 감각과 접목시키며 사업의 그림을 하나하나 완성해 갔다.

기왕 카페를 할 거면 커피 사업을 하는 게 낫지 않겠냐는 조언을 해준 이들도 있다. 하지만 나는 고개를 내저었다. 나는 커피를 그리 좋아하지 않는 데다가 건강에도 도움이 되지 않는다는 생각에 커피는 아예 사업 아이템에서 배제했었다.

내가 오가다를 창업했던 2009년 이후로도 개인이 차린 커피숍은 물론 그 이름조차 헷갈릴 만큼 수많은 커피 프랜차이즈 기업들이 생겨났다. 실제로 커피숍은 창업 희망자들 사이에서 가장 쉽게 창업할 수 있는 아이템으로 통할 만큼 진입장벽이 낮다. 특별한 기술 없이도 음료를 만들 수 있는 데다 앞서 진입한 업체들이 많으니 따라하고 흉내 내기도 쉽다. 게다가 이제 커피는 기호식품을 넘어 국민 음료로 통할 만큼 수요도 충분하다.

이처럼 진입도 쉽고 수요도 충분한 만큼 커피는 창업자들 사이에선 망하기 쉬운 사업 1순위로 여겨지고 있다. 장점이 많은 만큼 경쟁 또한 치열해졌고, 결국 공급 과잉과 폐업이라는 최악의 상황을 낳았다. 지난 2015년 국세청 조사 자료에 따르면 2014년 한 해 동안 폐업한 창업자는 68만 604명이라고 한다. 그중 개인 또는 프랜차이즈 카페 창업을 포함한 요식업의 폐업율이 전체의 23.0%

를 차지해 가장 많았다고 한다.

인기 아이템은 자칫 안정적으로 보이기 쉽지만 그만큼 경쟁도 치열하기에 낙오되기도 쉽다. 그리고 살아남는다고 해도 결국 수많은 점 중에 하나가 될 뿐이다. 나는 성공하더라도 그런 수많은 점 중에 하나로 남고 싶지는 않았다.

내가 처음 오가다를 창업했을 때는 많은 이들이 염려의 눈길로 바라봤다. 우리 고유의 것이라고는 하지만 한복만큼이나 생소해진 전통차라는 아이템을 선택했으니 그럴 만도 했다. 그런데 지금은 어떤가? 창업 이후 매년 30% 이상 성장하고 있는 데다, 수많은 커피 프랜차이즈 브랜드들 중 하나가 아닌 '오가다'라는 고유의 영역을 만들어냈고, 누구도 쉽게 진입할 수 없는 두터운 장벽까지 쌓아뒀다.

세상에 유일한 것은 경쟁자가 나타나 나를 뛰어넘기 전까지는 최고의 자리에 있게 된다. 그리고 그것이 곧 중심이 된다. 창업을 하는 것이 단순한 돈벌이가 아닌 나를 찾고 행복하기 위한 선택이라면, 나만의 색깔부터 찾아야 한다. 그것이 남들과 다른 것이라면 굳이 어떤 틀에 끼워 맞출 필요가 없다. 전혀 다른 새로운 시장을 창조해서 최고가 되고 중심이 되면 된다.

ㅇ 세상의 문은 경험하는 만큼 열린다

바다를 경험해본 사람만이 바다를 상상할 수 있다. 그곳에 물고기가 산다는 것도, 그곳을 건너려면 배가 필요하다는 것도 그것을 직간접적으로 경험해보지 않고서는 알 수 없다.

세상의 많은 창조적 아이디어들의 기반은 경험이다. 비를 맞아본 사람이 우산을 상상하고, 높은 곳에 오르려 시도해본 사람이 사다리의 필요성을 알게 된다. 하나의 경험은 하나의 눈을 뜨게 해준다. 열 개의 경험은 열 개의 눈을, 백 개의 경험은 백 개의 눈을 뜨게 한다. 그렇게 눈을 뜨며 우리는 울타리를 넘고 틀을 깨고 진짜 세상으로 나가게 된다.

한국의 전통차에 대한 경험이 없었다면 나는 결코 그것을 창업 아이템으로 떠올리지 못했을 것이다. 잘 알지도 못하는 것으로 승부를 걸 수는 없지 않은가! 나는 도전을 즐기는 편이지만 그 정도로 무모하지는 않다.

어린 시절부터 어머니가 끓여주신 전통차를 즐겨 마셨던 나는 그것의 장점을 이론이 아닌 몸으로 먼저 알고 있었다. 전통차라는 사업 아이템을 떠올린 이후, 나는 책과 여행을 통해 우리나라는 물론이고 중국, 일본 등의 차와 각 나라의 행다(行茶)에 대해 공부했다. 이런 경험과 연구를 바탕으로 확신을 얻은 덕분에 그것을 향해 꿋꿋이 나아갈 수 있었다.

"창업을 하고 싶은데 어떤 아이템으로 해야 할지 잘 모르겠어요. 남들 다 하는 건 하기 싫고, 나만의 뭔가를 해보고 싶은데, 도대체 그게 뭔지를 모르겠어요."

창업에 대한 조언을 구하는 청년들에게 나는 다양한 경험부터 해보라고 조언한다. 아르바이트를 하고, 여행을 하고, 창업계획서를 쓰고, 책을 읽는 이 모든 것은 훗날 내 길을 찾아줄 소중한 빛이 된다. 경험은 확신을 가져다주기도 하지만 때론 지금까지 당연하다 여겼던 것을 완전히 낯설게 하기도 하고, 그리하여 전혀 새로운 눈을 갖게도 한다.

물론 모든 경험이 반드시 자산으로 쌓이는 것은 아니다. 그래서 나는 경험을 하되 반드시 생각을 하면서 하라고 강조한다. 그 생각이라는 것이 대단하고 거창할 필요는 없다. 그저 그 경험을 통해 무언가 작은 깨달음이라도 얻는다면 그것으로 충분하다.

"야, 교훈맨! 이번 아르바이트는 네게 또 어떤 교훈을 줬나?"

대학 시절 온갖 아르바이트를 하며 삶의 다양한 영역을 경험해 가던 내게 한 친구가 '교훈맨'이라는 별명을 붙여줬다. 어떤 아르바이트를 하든 나는 그곳에서 내 나름의 교훈을 얻었고, 그것을 친구들과 나누는 것을 즐겼다. 그런 내 모습이 재밌기도 하고 대견하기도 했던지 친구는 나를 만날 때마다 이번 아르바이트에선 어떤 깨달음을 얻었는지를 물었다.

"음, 경쟁이 치열하고 인기가 높은 업종일수록 더욱 더 고객에게 정성을 다해야 한다는 생각을 했어."

당시 나는 학교 근처 호프집에서 서빙 아르바이트를 하고 있었다. 요즘처럼 놀 거리가 다양하지 않던 때라 대학생들은 친구들과 맥주잔을 부딪치는 것으로 나름의 스트레스를 풀곤 했다. 덕분에 대학가 여기저기에 저렴한 호프집들이 수시로 생겨났다.

"내가 일하는 가게 바로 맞은편에 경쟁 점포가 새로 생겼어. 덕분에 평일 손님이 절반 가까이나 줄어들었지. 도대체 이유가 뭘까 고민하다 어제 그 점포에 슬쩍 들러봤는데, 내가 손님이라도 그 점포에 가겠다 싶을 만큼 안주도 다양하고 서비스도 좋더라고."

"그래서 오늘의 교훈은 뭐야?"

"내가 아무리 열심히 달려도 주위의 경쟁자보다 더 빨리 달리지 않으면 결국엔 뒤처지게 되는 것이 게임의 룰이다."

"오호, 멋진데!"

비단 아르바이트에만 해당되는 말이 아니다. 나는 언제부터인가 어떤 경험을 하든 내 나름의 깨달음을 얻었고, 그것들을 차곡차곡 정리해 나갔다. 생각 없이 부딪히고 좌충우돌하면 그저 걸음을 걷는 것에 불과하지만 생각과 고민이 함께 하는 경험은 길을 만들고 방향을 찾아준다.

직접적인 경험 외에 책을 통한 경험도 큰 도움이 된다. 창의적인 영감을 얻기 위해선 지금까지의 익숙했던 시선이 아닌 낯선 시선으로 그것을 바라볼 줄 알아야 한다. 그러기 위해서는 평소에 익숙한 생각의 패턴이나 방향에서 벗어나야 한다. 말랑말랑해져야 하는 것이다. 이렇게 생각과 시선을 유연하게 하기 위해 필요한 것이 바로 독서다.

요리 재료가 다양하고 넉넉할수록 여러 종류의 음식을 만들 수 있다. 지식과 지혜도 마찬가지다. 독서를 통해 다양한 지식과 지혜를 자산으로 쌓아두면 문제를 해결할 기발한 아이디어가 떠오를 가능성이 높아진다. 나 역시 오가다를 경영하며 기존의 패턴에 한계를 느낄 때가 종종 있는데, 이럴 때는 관점을 달리하면 새로운 해결 방안들이 찾아질 때가 많다.

"이 문제에 대해 여러분 의견은 어떤가요? 생각을 자유롭게 이야기해보세요."

불과 몇 달 전까지만 해도 회의 시간에 직원들에게 의견을 물으면 다들 약속이라도 한 듯 입을 꾹 다물고 있을 때가 많았다. '자유롭게'라는 수식어를 붙여가며 직원들에게 의견을 물어도 대부분은 주요 의사결정자들만 일장 연설을 하다가 회의가 끝나기 일쑤였다.

"도대체 뭐가 문제일까요? 평소엔 자유로운 분위기 속에서 업무를 보는 것 같은데, 왜 회의 시간만 되면 다들 꿀 먹은 벙어리가 되는 걸까요?"

회의를 마친 후 나는 한 임원을 불러 조용히 물었다.

"일단은 회의 주제에 대해 잘 모르기 때문에 이야기를 하지 않는 게 아닐까요?"

"음, 그럴 수도 있겠군요. 그럼 미리 회의 주제에 대해 공유하는 게 좋겠군요."

당시 우리 회사는 회의 한 시간 전에 회의 주제를 공유하고 있었다. 그래서 나는 그날 이후부터는 정기회의가 있기 며칠 전에 미리 회의 주제를 공유해 직원들이 생각할 시간을 갖도록 했다. 하지만 이런 방법도 별로 효과가 없었다.

그 외에도 다양한 방법들을 시도해봤다. 직원들이 돌아가면서 회의를 직접 주관하게도 해봤고, 회의 때 사용되는 표현들을 부드럽게 바꿔보기도 했다. 예를 들면 "보고하겠습니다"라는 말을 "공유하겠습니다"라는 말로 바꾼다든지, "의견은 어떠세요?"라는 말을 "궁금한 점 있으세요?"라는 우회적인 표현으로 바꿔 쓰기도 했다. 그런데 이런 시도들 역시 별다른 효과가 없었다.

깊고 무겁던 나의 고민에 짧은 감탄과 함께 환한 빛을 밝혀준 것은 다름 아닌 책이었다. 당시 내가 읽고 있던 책에 실린 사진 한 장이 막혔던 내 생각을 시원하게 뚫어주었다. 사진은 한 기업의 회의실 모습을 담고 있었는데, 한마디로 자유로움 그 자체였다. 그 회의실은 의자와 네모난 탁자가 아닌 학교 운동장에서나 볼 수 있는 계단식 의자와 텐트 등으로 꾸며져 있었다. 그리고 딱딱한 형식이 사라진 그곳에서 직원들은 자유로운 자세와 형식으로 서로의 생각을 나누고 있었는데, 누군가는 창밖 풍경을 내다보고, 누군가는 두 다리를 쭉 뻗은 편안한 자세였다.

"그래, 이거였어!"

그제야 나는 내가 무엇을 놓치고 있었는지 알 수 있었다. 직원 모두에게 딱딱한 갑옷을 입혀놓고 "맘껏 뛰세요, 맘껏 춤추세요"라고 했으니 그게 가능했겠는가.

직원들의 생각과 말문을 열게 하기 위해 내가 했던 시도들은 회의 방식이나 언어 등 소프트웨어적인 것에만 한정돼 있었다. 내 시선이 그곳만을 보고 있었기 때문이다. 그런데 책 한 권, 사진 한 장이 내게 전혀 다른 시선을 갖게 해주었다. 하드웨어적인 접근을 놓치고 있었음을 일깨워준 것이다.

나는 당장 본사 이전 계획을 잡았고, 다음날부터 이사 프로젝트에 돌입했다. 그리고 올해 4월부터 우리는 정말 생각과 마음을 풀어헤칠 수 있는 편안하고 창의적인 공간에서 일하게 되었다.

창의적 공간, 자유롭고 편안한 공간이 원활한 회의를 위한 필수 조건이라는 말은 아니다. 소프트웨어적인 시선에 매몰돼 있던 내가 하드웨어적인 시선을 갖게 되었고, 미처 몰랐던 그것을 시도했다는 것이 중요하다. 그런 다양한 각도에서의 다양한 시도들이 모일 때 새롭고 참신한 것들을 찾을 수 있는 것이다.

진짜 팬들만 모으라

"안녕하세요. 아무거나 주세요."

1호점을 개점하고 얼마 안 됐을 때의 일이다. 언젠가부터 하루 세 번씩 꼭 우리 매장에 들러 차를 주문하는 고객이 있었다. 처음에는 올 때마다 메뉴를 하나씩 골고루 주문하다가 어느 때부터는 그냥 '아무거나'가 차 이름이 됐다. 오가다의 차는 뭘 마셔도 다 맛있고 건강한 음료라는 믿음이 있기 때문이란다.

오가다는 1호점 때부터 이런 단골고객들이 많았다. 그런데 재미있는 것은 그들 중 상당수가 커피를 좋아한다는 것이었다. 하루

세 번씩 꼭 들렀던 그 고객 역시 오가다의 팬이 되기 전에는 근처 스타벅스에서 커피를 즐겨 마셨던 분이었다.

"커피 주세요."

"저희 매장은 커피를 팔지 않습니다. 저희는 한국 전통차를 파는 매장입니다."

"아, 그래요? 그럼 안 되겠네."

그분은 매장 앞에서 춤을 추는 나와 직원의 모습이 재미있어서 우리 가게를 찾았던 것인데, 커피를 팔지 않는다는 말에 발길을 돌리려고 했다. 나는 그분에게 음료를 한 잔 건네며 맛이라도 봐달라고 부탁했다. 물론 돈은 받지 않겠다는 말도 덧붙였다.

"음, 생각보단 괜찮은데요! 한약 맛이 강할 줄 알았는데 오히려 향도 은은하고 목 넘김도 좋고…."

워낙 전통차에 대한 선입견이 강해서였을까, 그분은 생각보다 괜찮은 맛이라며 호감을 보였다. 나는 그 기회를 놓치지 않고 차에 대한 대략적인 설명을 곁들였다.

"오늘은 어떤 차를 마실까요?"

이후 그분은 하루 커피 세 잔 중 한 잔은 오가다 차로 바꾸어 마셨다. 그리고 차츰 하루 두 잔으로 늘리더니 어느 순간부터는 하루 세 번씩 꼭 우리 매장에 들러 차를 사 가지고 가셨다. 건강에 아주 관심이 많은 사람도 하루 세 번씩 전통차를 챙겨 마시기는 쉽지 않을 것이다. 그런데 그분의 오가다 사랑은 여기서 그치지 않았다.

"사장님, 주중엔 매일 아침 10시까지 우리 사무실로 차 열두 잔만 배달 부탁해요. 우리 오전 회의 때 이제 커피 안 마시고 오가다의 전통차를 마시기로 했거든요."

그분은 자신이 근무하는 회사의 회의 음료를 아예 커피에서 오가다의 전통차로 바꿔버렸다. 커피 마니아였던 자신이 전통차로 바꾸고 난 뒤 얼마나 건강을 챙기게 됐는지를 얘기하며 회사에 적극적으로 제안한 것이다. 진정한 팬의 힘이 아닐 수 없다! 나는 감사함을 넘어 감동까지 받았다.

"사장님, 담배 피우는 사람한테 좋은 차는 없어요?"

하루는 그분 소개로 같은 회사에 다니는 부장님이 우리 매장에 왔다. 그리고는 담배 피우는 사람에게 좋은 차를 권해달라고 했다. 나는 오가다 음료 중 기관지에 좋은 배도라지생강차를 권하며 간단하게 설명도 해주었다. 이후 그분도 우리 매장의 단골이 되었는데, 건강한 차를 마시면서부터 술과 담배도 줄이게 되고 건강을 더 챙기게 되었다며 좋아하셨다. 이처럼 고객들에게 오가다는 한국의 전통차에 대한 인식을 바꿔주는 역할 외에 건강에 대해서도 생각하게 하는 매개체가 되었다.

한국의 전통차가 젊은 층들에게는 낯선 음료이다 보니 처음부터 "저 전통차 너무 좋아해요!"라며 오시는 분은 단 한 분도 없었다. 오히려 낯설어하거나 거부하는 분들이 많았다. 하지만 오가다를 알게 되고 서서히 전통차를 경험하면서 전통차를 좋아하는 사람들이 늘어갔다. 게다가 커피를 줄이고 전통차를 마시기 시작하면서 건강한 삶을 위한 다른 노력들도 병행하게 된 분들도 많았다. 오가다가 추구하는 '건강한 삶'이라는 가치를 함께 실천하며 진정으로 오가다에 물들게 된 것이다.

○ 힘들 때도 함께할 수 있는가?

"빨리 가려면 혼자 가고 멀리 가려면 함께 가라"라는 아프리카 속담이 있다. 나는 오가다를 창업하면서 속도에 연연하지 않았다. 오히려 속도 내기를 경계했다. 내실이 다져지지 않은 양적인 성장은 언제 어떻게 무너질지 모르는 허술한 성과도 같기 때문이다.

나는 오가다가 건강하게 멀리까지 가는 튼실한 기업이 되기를 바란다. 그러기 위해서는 나와 함께 가는 사람들이 나처럼 오가다를 아끼고 사랑하고 자랑스러워하는 팬들이어야 한다. 사실 오가다가 프랜차이즈 기업으로 변모하는 과정에서 예비 가맹점주들의 도움이 컸다. 1호점과 2호점이 연이어 성공을 거두자 오가다 가맹점을 하고 싶어 하던 분들이 프랜차이즈 사업 등록을 적극적으로 도와주신 것이다.

"공정거래위원회에 프랜차이즈 정보공개서를 등록하려면 이런 내용들이 다 들어가야 한대요."

"아, 감사합니다. 생각보다 준비할 게 많군요."

책도 읽고 인터넷에서 정보도 구해봤지만 프랜차이즈 등록을 하는 과정에서 모르는 것도 많고 막히는 것도 많았다. 특히 가맹계약서를 첨부해야 했는데, 가맹계약서를 한 번도 본 적이 없던 나는 기본 틀조차 잡기가 힘들었다. 그때 오가다 가맹점을 하고 싶어 하던 분이 친구가 운영하던 프랜차이즈 커피숍의 가맹계약서 사본을 구해다 주며 그것을 초안으로 오가다의 가맹계약서를 만들어보라고 했다.

이처럼 오가다는 대표, 직원, 가맹점주, 고객 구분 없이 모두가 하나 된 마음으로 서로 도우며 만든 회사다. 그런 만큼 나는 이후에 우리와 함께 할 사람들을 뽑을 때도 아주 까다로운 기준을 적용했다. 나는 직원을 뽑을 때도, 가맹점을 개설할 때도 최우선적으로 오가다를 얼마나 사랑하는가를 본다. 모두가 한마음으로 한곳을 보고 나아가야만 진정으로 성장할 수 있기 때문이다.

이런 이유로 나는 가맹 문의를 하러 오는 분들에게 오가다 가맹 조건으로 두 가지 기준을 내세운다. 첫 번째는 '오가다 브랜드의 팬인가?' 하는 것이다. 창업 초창기에 가맹을 원하는 분들은 본사에서 별다른 홍보를 하지 않았는데도 알아서 연락을 해왔다. 그분들의 판단 근거는 기존의 프랜차이즈 브랜드 선택 기준과는 달랐다. 업체에 대한 홍보나 정보 없이, 생생한 영업 현장을 보고 스스로 마음이 이끌려 오가다 문을 두렸던 것이다. 감사한 일이 아닐 수 없었다. 그럼에도 나는 그들이 이끌림을 넘어 오가다에 애정과 확신을 가져주길 바랐다.

브랜드에 대한 애정과 확신은 함께 일을 하는 데 있어 매우 중요하다. 오가다에 대한 무한한 애정과 확신을 가지고 있어야 그 어떤 상황에서도 안정적으로 매장을 운영할 수 있다. 독특하다고, 유행이라고 해서 덜컥 선택한 사람은 또 다른 끌림이나 유행을 좇아 떠날 수도 있다. 이런 사람은 오가다의 기준에 맞지 않았다.

두 번째 기준은 '선한 마음'이다. 나는 가맹을 희망하는 사람들에게 사업을 하는 목적이 무엇인지 물어본다. 그리고 단지 돈이 될 것 같다는 답변만 하는 사람은 돌려보낸다. 물론 돈과 시간, 노력과 열정을 투자했으니 그에 상응하는 돈을 벌어야 하는 것은 맞다. 그러나 오가다는 건강에 좋은 음료를 팔아서 많은 분들에게 도움을 주고자 하는 사업이다. 따라서 건강, 신뢰, 진심 등 돈보다 상위에 놓여야 할 것이 많은 브랜드다.

그렇게 나의 진심이 전해져서 오가다를 위해 기꺼이 애정과 땀을 쏟아붓겠노라, 돈이 아닌 고객을 보겠노라 약속한 분들이 하나둘 오가다라는 배에 승선했고, 우리는 한마음이 되어 느리지만 안전하게 항해를 시작했다.

마음이 통하는 사람들과 손을 잡아서일까. 프랜차이즈 첫 가맹점인 오가다 4호점 개점 이후 5호점, 6호점이 별 탈 없이 순차적으로 개점했고, 예상대로 매출도 아주 만족스러웠다. 프랜차이즈 사업으로 전환한 이후 모든 것이 순풍에 돛 단 듯 순조롭게 흘러가니 몸은 힘들어도 마음만은 날아갈 듯 기쁘고 즐거웠다.

7호점 탄생을 기대하고 있던 어느 날, 서울 응암동에서 유명한 프랜차이즈 도넛 매장을 하고 있던 분이 나를 찾아왔다. 자신이 지금 하고 있는 점포 바로 옆에 오가다 매장을 열고 싶다는 것이었다. 오가다에 대한 애정과 열정이 남다른 데다 이미 프랜차이즈 시장에 대한 경험도 많은 분이라 우리와 함께 하기에 부족함이 없어 보였다.

나는 최종 결정을 하기 위해 점포를 한번 보자고 했다. 입지 조건은 매장의 성패를 결정하는 중요한 요소 중 하나이기 때문이다. 그런데 직접 가서 보니 안타깝게도 테이크아웃 음료 매장의 입지 조건으로는 그다지 좋은 곳이 아니었다. 고심 끝에 나는 거절 의사를 밝혔다.

"이곳에서는 매장 개설이 힘들 듯합니다."

"그냥 해주세요. 망해도 좋으니 개의치 말고 열게만 해주세요."

"그래도 안 됩니다. 장사가 안될 게 뻔히 보이는데 제가 어떻게 매장을 내드리겠습니까? 정 그렇게 하고 싶으시면 차라리 다른 자리를 알아보는 게 어떨까요?"

"그건 곤란합니다. 제가 살뜰히 챙기려면 지금 하고 있는 매장과 이렇게 나란히 붙어 있어야 합니다."

그분은 나의 우려에도 아랑곳하지 않고 그곳에 매장을 열게 해 달라고 했다. 당시 그분이 운영하던 프랜차이즈 도넛 매장은 로드숍 중에서 전국 3위의 매출을 올리고 있었다. 자리가 좋지 않은 곳에서 그렇게 대단한 성과를 낸 만큼 그분의 열정과 자신감은 대단했다. 하지만 열정만큼이나 중요한 것이 입지 조건이기에 나는 단호하게 거절 의사를 밝혔다. 그럼에도 그분은 뜻을 굽히지 않았고, 결국 점포 임대계약을 미리 하면서까지 오가다 매장을 열고자 하는 의지를 강하게 표현했다.

"이젠 어쩔 수 없습니다. 이미 점포 임대계약도 했고 월세까지 나가게 됐으니 우린 이 점포에서 오가다를 꼭 해야 합니다!"

그분 말처럼 어쩔 수 없는 상황이기도 했지만 무엇보다도 오가다를 향한 그분의 넘치는 애정이 입지 조건의 단점을 보완해줄 수도 있을 거라는 기대를 하며 결국 가맹계약을 체결했다. 사실 1호점의 첫날 순수 매출이 0원이었던 것에 비하면 오히려 희망적이라는 생각도 들었다.

7호점 개점 첫날, 깊은 한숨과 함께 온몸이 물 먹은 솜처럼 무너져 내렸다. 우려했던 일이 현실로 벌어진 것이다. 게다가 점차적으로 매출이 늘어가던 1호점과 달리 7호점은 날이 가고 또 가도 매출이 하루 5만 원대를 넘기지 못했다. 당혹스러운 마음에 미안함까지 겹치니 끝까지 반대하지 않은 것이 너무나 후회가 됐다. 하지만 해볼 것은 다 해보자는 마음에 나는 그 어느 매장보다도 더한 열정을 쏟아부었다.

당시는 인력이 부족해서 각 매장의 온갖 일을 내가 직접 챙겨야 했지만 아무리 바쁘고 힘들어도 7호점만큼은 반드시 챙겼다. 주말에는 고등학교 후배들까지 불러내서 주변에 전단지를 돌렸고, 동물인형 탈을 뒤집어쓰고 미친 듯이 춤도 췄다. 또 평일에는 아무리 업무가 늦게 끝나도 7호점에 꼭 들러서 문 닫는 것까지 확인한 후에 퇴근했다.

이런 노력에도 불구하고 매출이 늘 생각을 않자 우리는 7호점을 정리하기로 결정했다.

"정말 면목 없습니다. 제가 끝까지 말렸더라면 이런 결과는 나오지 않았을 텐데요."

"괜찮습니다. 안 해보고 후회하느니 해보고 후회하는 게 훨씬 낫죠. 우린 괜찮습니다."

실패의 이유가 무엇이든 당연히 본사를 원망할 거라 생각했는데, 7호점 점주님은 외려 나를 다독이며 끝까지 최선을 다한 나의 노력에 고마워했다.

"언젠가 기회가 되면 다시 한 번 오가다와 인연을 맺어보고 싶습니다."

그러면서 자신의 매장은 비록 실패했지만 오가다의 경쟁력만은 인정해주었다. 매장이 실패했음에도 불구하고 그동안의 노력을 인정해 주는 그분의 말에 나도 모르게 눈물이 나왔다.

이런 서로의 마음이 통해서였을까. 이후 7호점 점주님은 안국동에 오가다 매장을 다시 열었고, 지금까지 좋은 매출 성적을 유지하며 성업 중이다.

사실 장사가 잘돼서 동일 브랜드 매장을 하나 더 여는 분들은 있어도 장사가 안돼서 정리한 브랜드의 매장을 다시 여는 경우는 정말 드물다. 해당 브랜드에 대한 애정과 신뢰 없이는 불가능한 일이다.

○ **아끼고
노력하며
함께 성장하라**

창업 초기에 나는 오가다의 성공 요인을 뚜렷하게 정리하지 못하고 있었다. 다만, 좁아 터진 공간을 불평하기보다는 오히려 감사해 했고, 한여름 땡볕에서 동물인형 탈을 쓰고도 신나게 춤을 췄으며, 손님 한 분 한 분이 찾아오는 걸 기적이라 여겼었다. 그 모든 것이 모여 지금의 성공을 만들어낸 듯하다. 거창한 성공 공식은 없었지만 나와 같은 마음을 가지고 나처럼 행동으로 옮길 수 있는 사람이라면 분명 성공할 거라는 확신은 있었다.

"개점하는 날 점주님이 매장 앞에서 직접 춤을 추셔야 합니다."

"네? 제가 직접이요? 그냥 이벤트 도우미를 부르면 안 될까요?"

"안 됩니다. 점주님이 직접 춤을 추셔야 점포가 성공할 수 있습니다. 저희도 함께 하겠습니다."

다소 억지스러울 수도 있지만 나는 이 역시 우리 브랜드에 대한 애정이고 정성이라 여겼다. 20호점이 개점할 때까지 나는 본사직원들을 모두 데리고 나가 점포 앞에서 춤을 췄다. 개점하는 날외에도 이벤트가 있거나 매출을 올려야 한다는 판단이 서면 우리는 무조건 함께 춤을 췄다.

회사의 규모가 커져가면서 본사 직원들이 모두 나가서 춤을 추는 것이 어려워졌다. 대신 나는 슈퍼바이저들에게만은 반드시 개점 점포 앞에서 춤을 추게 했다. 아예 슈퍼바이저를 뽑을 때부터 그것을 조건으로 내걸었다. 오가다를 사랑한다면 매장 앞에서 춤을 추는 것은 결코 부끄럽거나 창피한 일이 아니다. 오히려 즐겁고자랑스러운 일이다.

앞서 말했듯이 나는 함께할 직원들을 뽑을 때도 오가다에 대한 애정을 제일 중요한 요소로 둔다. 물론 그런 애정을 확인하기 위해 일부러 까다로운 질문을 던지는 것은 아니다. 오히려 지원자들에게 질문을 하라고 한다.

"우리 회사에 대해 궁금한 점 있으세요? 뭐든 편하게 질문하셔도 됩니다."

누군가를 사랑하게 되면 그에게 관심을 갖게 되고 궁금한 것이 많아지게 마련이다. 자신이 청춘을 바칠 회사도 마찬가지다. 자기가 지원한 회사를 사랑하는 사람이라면 분명 궁금한 것이 많을 것이다. 그래서 나는 우선 지원자들에게 우리 오가다에 대해 궁금한 것이 있으면 질문해보라고 한다. 출퇴근 시각이 언제인지, 야근이 잦지는 않은지, 연차수당이나 퇴직금은 있는지 등도 물론 중요한 질문이다. 하지만 내가 바라는 질문은 아니다. 이런 질문으로 끝나는 사람은 굳이 오가다가 아니어도 조건 맞는 곳이 나타나면 그쪽으로 갈 사람들이다.

"대표님은 앞으로 오가다를 어떻게 키워나갈 계획이시며, 궁극적으로 오가다를 통해 무엇을 하고 싶으신가요?"

실제 면접을 볼 때 한 지원자가 내게 이런 질문을 던진 적이 있다. 나는 그 질문을 통해 그가 단순히 구직 활동을 하는 것이 아니라 자신의 직장을 '선택'하러 우리를 찾아왔다는 것을 알 수 있었다. 오가다에 관해 진심으로 궁금한 것을 물었기 때문이었다. 나는 그의 질문에 최대한 성실하고 진솔하게 대답해줬다.

"저는 현재 제가 설정해둔 기준에 오가다가 부합하는지를 살피는 중이에요. 만약 그렇지 않다는 판단이 들면 거기에 맞는 다른 회사를 찾을 것입니다."

그는 야무진 질문만큼이나 자신의 경력에 대한 생각도 명확했다. 그리고 그것을 완성해 나가기 위해 어떤 회사에서 일해야 하는지에 대한 기준도 분명했다.

"저는 오가다에 뼈를 묻을 생각은 없습니다. 제가 바라던 능력을 오가다에서 충분히 키웠다고 생각되면 다음 단계로 나아갈 것입니다."

나는 그를 면접했고, 그는 나와 오가다를 면접했다. 그리고 그 결과 우리는 서로에게 합격점을 줬고 현재까지 그는 우리 회사에서 일하고 있다.

나는 우리 직원들이 오가다와 오래도록 함께할 것이라고 기대하지는 않는다. 그저 자신의 꿈을 이루기까지 여기에서 충분히 성장하길 바랄 뿐이다.

5년 전이었다. 입사 면접을 보다가 나는 한 지원자에게 완전히 매료된 적이 있다. 그는 인터넷이나 언론기사 등으로 오가다와 나에 대한 정보를 충분히 파악하고 온 데다 궁금한 점도 조목조목 야무지게 물었다. 이 정도면 당연히 예선은 통과한 셈이었다. 그런데 나는 이후 이어지는 이야기를 듣곤 오가다에 대한 그의 애정이 상상 이상이라는 것을 알게 되었다.

"지난주에 코엑스 박람회에 다녀왔습니다. 물론 제 관심은 오로지 오가다였습니다."

그는 박람회가 열린 날, 하루 종일 오가다 부스 주변에 머물며 우리를 관찰했다고 했다. 직원들의 대화는 물론 각 직원들이 고객을 응대하는 태도, 고객의 반응 등을 일일이 기록하고 장단점까지 분석했다며, 분석 내용을 내게 들려주었다. 하루 종일 오가다를 지켜봤다는 것도 놀랍지만 어떻게 그렇게 우리를 잘 파악하고 있는지도 감탄스러울 정도였다. 당연히 합격이었다. 그리고 5년이 지난 지금 그 직원은 우리 회사의 핵심 멤버가 됐을 정도로 크게 성장했고, 세 개의 팀을 총괄하며 그 능력을 발휘하고 있다.

회사에 대한 관심과 애정이 큰 만큼 오가다 직원들은 입사 후에도 적극적으로 일을 배우며 건강하게 성장해가고 있다. 게다가 오가다에 대한 애정은 직원이 아닌 주인의 모습으로 나타난다.

이 직원이 입사 후 처음 배정된 곳은 직영관리팀이었다. 그래서 초기에는 얼마간 직영점에서 근무했다. 그 직원이 근무를 시작한 지 몇 주 지났을 때였다. 나는 시장조사차 그 매장에 들러 고객과 직접 인터뷰도 하고 먼발치에서 고객과 직원들을 관찰하기도 했다.

"손님, 차가 다 식은 것 같은데 따뜻한 차로 다시 내어드릴까요?"

"아, 그래주시겠어요? 정말 감사합니다."

차를 주문했던 손님이 전화통화를 하는 사이에 차가 조금 식어버렸던 모양이다. 그것을 미리 파악한 그 직원이 손님에게 따뜻한 차로 다시 내어드릴지를 물었다. 나는 그 모습에 조용히 고개를 끄덕였다. 고객이 불편함을 이야기하기 전에 먼저 고객을 살피며 챙겨주는 모습은 영락없는 주인의 모습이었다.

"사장님. 이 차 선물세트가 있던데 하나만 포장해 주실래요?

전에 마셔보니 향이 참 좋더라고요."

"네. 나가실 때 가져가실 수 있도록 포장해서 카운터에 두겠습니다."

손님들 중에는 그 직원을 사장이라고 생각하는 분도 있었다. 누가 봐도 직원이 아닌 사장의 모습이니 고객 입장에서는 오해할 만도 했다.

이제 겨우 20대 중반의 젊은 청년을 사장이라고 생각하는 것은 점포에 대한 그의 애정과 열정이 느껴졌기 때문일 것이다. 한시도 눈과 손을 쉬지 않고 움직이며 손님을 살피는 것은 주인이 아니고서는 할 수 없는 행동이다. 이런 애정 어린 마음 덕분인지 그 직원이 들어온 후 해당 직영점의 매출도 껑충 뛰어올랐다.

손을 맞잡은 이의 마음이 나와 같다면 서로가 함께 성장하고 성공할 수 있다. 나는 오가다에 애정과 열정을 다하는 직원에게는 그가 최대한 성장할 수 있도록 지원을 아끼지 않는다. 때론 파격적인 승진을 감행하면서까지 그의 능력을 키워주고 성장하도록 돕는다.

팬들을 모았다면 나 역시 그들의 열렬한 팬이 돼 주어야 한다. 혼자만의 일방적인 사랑은 힘들고, 그만큼 포기도 빠를 수밖에 없다. 서로 아끼고 위하고 사랑해야만 진정한 성장을 이룰 수 있다.

본질에 집중하라

창업을 하고 어느 정도 성공 궤도에 오르다보면 처음의 단단했던 각오가 물러지기도 한다. 초심을 잃는 것이다. 예컨대, 건강한 우리 차를 만들어 팔겠다는 초심은 슬쩍 놓아버리고 어느 순간 그저 돈만을 보며 달리는 것이다. 게다가 돈이 곧 땀에 대한 대가이고 성공의 증거라고 착각하기도 한다.

돈은 가질수록 더 가지고 싶은 치명적인 마력과 함께 이성을 마비시키고 눈을 멀게 하는 강력한 독성을 가지고 있다. 오죽하면 쇼펜하우어가 "돈이란 바닷물과도 같다. 그것은 마시면 마실수록 목이 마르다"라고 했을까.

기업의 성장과 성공 과정에서 돈은 자연스레 얻어지는 과실이어야 한다. 그것이 목적이자 목표가 되어서는 안 된다. 돈을 위해 가지를 베어다 팔고 몸통까지 내어준다면 어떻게 될까? 결국에는 나무 전체가 죽고 만다. 돈이야 얻겠지만 그 외의 모든 것을 잃게 된다.

현재 오가다 본사에는 50여 명의 정직원이 함께 일하고 있다. 규모에 비해 직원, 그것도 정직원이 너무 많은 것 아니냐는 염려의 목소리도 있다. 하지만 본사는 기업의 뿌리인 만큼 더 넓고 힘차게 뻗어나가야 한다. 그래야만 몸통과 줄기가 더욱 튼튼하게 클 수 있고, 아름다운 꽃과 알찬 열매를 맺을 수 있다.

물론 본사 직원이 몇 명인가는 그다지 중요하지 않다. 숫자보다는 내실, 즉 그들이 무슨 일을 하느냐가 더 중요하다. 오가다 본사 직원의 90% 이상이 제품 연구개발, 물류 및 유통, 마케팅, 가맹점 지원 등 내실을 탄탄히 다지는 데 집중하고 있다. 그리고 그중 단 세 명만이 가맹점 신규 개설 업무를 담당하고 있다. 프랜차이즈 기업이 가맹점 개설 업무에 단 6%의 인원만 배정하고 있다고 하면 다들 의아해 한다.

"점포 개발 담당 직원을 더 늘려야 하지 않을까요? 그래야 가맹점이 더 많이 늘어나죠."

언젠가 한 매체와 인터뷰를 진행할 때 기자가 내게 이런 질문을 했다. 프랜차이즈 기업의 중요한 성공 척도가 가맹점 수인 만큼 가맹점을 늘리는 데 속도를 더 내고 힘을 모아야 하는 거 아니냐는 것이었다. 틀린 말은 아니지만 맞는 말도 아니다.

"오가다는 가맹점 수에 연연하지 않습니다. 본질에 집중하면 가맹점은 자연스레 늘어날 겁니다."

"본질이라면 어떤 것을 말씀하시는지요?"

"본질은 당연히 '제품'입니다. 가맹점을 늘리는 것보다 더 중요한 것은 그분들이 안정적으로 영업을 할 수 있도록 경쟁력 있는 제품을 개발하는 것입니다. 더불어 효율적인 매장 운영을 위해 물류나 마케팅 등에서 본사가 탄탄한 기반을 갖추는 것이 중요합니다."

외식 프랜차이즈 사업을 성공적으로 이끄는 데 있어서 가맹점을 늘리는 것은 분명 중요하다. 하지만 그것이 결코 사업의 본질은 아니다. 외식 프랜차이즈 사업의 본질은 '제품'이다. 그릇이 아무리 화려해도 그 그릇에 담긴 음식이 별로라면 결코 별 다섯 개는 기대하기 힘들다.

흔히들 스타벅스를 커피가 아닌 감성을 파는 공간이라고 말한다. 그렇다면 고객의 입장에서 스타벅스를 떠올려보라. 거리 곳곳에서 보았던 매장, 그리고 매장의 인테리어, 의자와 탁자의 촉감, 음악과 조명 등도 떠오를 것이다. 이런 다양한 경험들이 결합돼서 그 브랜드의 전체 이미지를 만든다. 그런데 스타벅스를 단 하나의 이미지로 그려보라고 하면 무엇이 떠오를까? 단언컨대 그곳에서 마셨던 한 잔의 커피일 것이다. 커피 한 잔에 그 모든 것이 농축돼 있다고 해도 과언이 아니다.

그곳에서 마신 커피가 별로였다면 굳이 그곳의 감성만을 사기 위해 돈을 지불할 필요가 있을까? 음료 이외의 모든 것이 만족스러웠다고 해도, 정작 본질인 음료가 만족스럽지 않다면 그곳을 굳이 즐겨 찾을 사람이 얼마나 될까? 제아무리 외모와 무대 매너가 훌륭하다 해도 노래를 못 부른다면 그 가수의 음반은 판매가 저조할 수밖에 없을 것이다.

○ 끝없는 상품 개발과 깐깐한 품질 관리는 우리의 사명

창업을 준비하는 과정에서는 물론 오가다 1호점을 개점한 이후에도 마땅히 조언을 구하거나 도움을 받을 데가 없었던 나는 혼자 고군분투해야 했다. 한국의 전통차를 테이크아웃 해서 판매하는 매장이 전혀 없던 때이다 보니 하나부터 열까지 일일이 도전하고 깨져가면서 완성해갈 수밖에 없었다.

단순히 매장 수를 늘리는 것만이 능사가 아니었다. 우리 고유의 것이기는 하지만 고객에게 낯선 전통차를 친근하고 익숙하게 만드는 것이 관건이었다. 가맹점을 늘리는 것보다 차근차근 제품을 만들고 고객으로부터 브랜드를 인정받는 것이 우선이었다. 프랜차이즈 본사 입장에서는 당연히 기울여야 할 노력이고 과정이라고 할 수 있다. 하지만 가맹점 입장은 다르다. 최대한 실패를 줄이고 안정적인 성장과 성공의 길로만 나아가야 한다. 그런 든든한 길잡이 역할을 하는 것이 바로 프랜차이즈 본사인 것이다. 나는 우리와 함께 가는 분들에게는 위험부담을 최소화해드리고 싶다. 그러기 위해서는 가맹점 수가 아닌 본질을 탄탄히 하는 데 더 집중해야 한다.

한국의 전통차를 사업 아이템으로 선택했을 때, 나는 그 안에 담긴 최고의 가치는 '건강'이라고 판단했다. 오가다를 통해 한국의 전통차를 사람들에게 알리고 건강한 음료뿐만 아니라 건강한 삶에 대해서도 생각해보게 하고 싶었다.

오가다 메뉴의 가장 중요한 기준도 당연히 '건강'이다. 몸에 좋은 약재와 재료를 사용하는 것은 기본이며, 그 재배 과정과 유통·제조 과정 역시 건강하고 위생적이어야 한다.

나는 오가다의 모든 메뉴에 들어가는 약재 및 재료에 아주 까다로운 조건을 부여하고 있다. 우선 거래업체 선정 시 원산지증명원이나 잔류농약검사성적표, 위생 등 체크해야 할 사항이 50가지가 넘는다. 그 기준을 잘 지키고 있는지 눈으로 직접 확인하기 위해 구매팀에서 현장 실사를 나간다. 이 모든 과정을 통과해야 우리 오가다와 거래할 수 있다.

그뿐만이 아니다. 거래를 하는 과정에서도 중간 점검은 필수다. 각종 증명서를 주기적으로 업데이트해 확인하는 것은 물론, 내가 직접 한 달에 한 업체씩 각 작물의 원산지를 돌며 재배 현장을 확인하고 체크리스트대로 잘 지키고 있는지를 점검한다. 거래처와의 신뢰는 '우리가 남이가!' 식이 아니라 직접 확인하며 쌓아가는 것이니, 이에 대해 서로 불편해 하거나 꺼릴 이유가 없다.

한편, 건강한 음료가 되기 위해서는 좋은 재료를 쓰는 것 못지않게 나쁜 재료를 넣지 않는 것도 중요하다. 한국 전통차나 음료를 만드는 데 건강하지 못한 재료가 들어갈 여지는 없다. 그런데 단하나, 설탕이 문제였다. 워낙 소비자들이 단맛에 길들여져 있기도 하지만 한약재들이 가지고 있는 독특한 향과 쓴맛 탓에 단맛이 필수적으로 필요하다.

설탕을 아예 넣지 않으면 한약재의 쓴맛이 너무 부각된다. 감초나 구기자처럼 단맛 나는 한약재들을 첨가해봤지만 그 특유의 향 때문에 사용하는 데 한계가 있었다. 아니나 다를까, 창업 전 시음회를 통해 전통차 메뉴를 처음 평가받았을 때 대부분의 친구들이 쓴맛을 줄이고 단맛을 강화하라는 조언을 해줬다.

"설탕 없어? 설탕이라도 타 먹어야겠다."

"설탕을 넣으면 안 되지. 몸에 좋은 차를 마시면서 설탕을 넣는다는 건 말이 안 되잖아."

"그럼 뭘 넣게?"

"연구해야지. 건강하면서도 단맛을 낼 수 있는 것을 개발해내야지."

나는 설탕을 넣지 않은 맛있는 전통차를 만들겠다는 목표로 다시 연구에 들어갔고, 그 결과 '오가당'을 개발해냈다. 오가당은 설탕처럼 몸에 해로운 단맛이 아닌 감초, 구기자, 자일리톨, 비타민C 등을 조합해 만든 건강한 성분의 단맛이다. 소비자의 취향을 존중하되 건강이라는 본질을 놓치지 않기 위해 오가다의 모든 음료에는 설탕 대신 무색소, 무방부제, 무설탕 시럽인 오가당을 넣는다.

설탕과 더불어 큰 고민을 안겨준 것은 다름 아닌 보존제였다. 애초에 전통차 사업을 구상할 때부터 나는 단순 판매점이 아닌 제조시설을 갖춘 어엿한 기업을 꿈꿔왔다. 직영점과 가맹점이 늘어 기업의 규모가 커지고, 공급해야 할 제품의 양이 늘어나게 되면 최소한의 유통기한을 확보하기 위해 식품 보존제를 쓸 수밖에 없다. 하지만 오가다는 이마저도 일절 쓰지 않겠다는 철칙을 세웠다. 몸에 좋은 차를 팔면서 몸에 좋지 않은 것을 첨가할 수는 없는 일 아닌가.

오가다의 전통차는 한의원에서 한약을 달이는 방식 그대로 약재 원물을 달여서 만든다. 그리고 원재료 검수에서부터 전탕 및 유통의 전 과정을 본사가 직접 운영하며, 완성된 차는 파우치에 담아 공급하는 방식이라 매장에서는 손쉽게 차를 고객들에게 제공할 수 있다.

오가다에서 생산하고 판매하는 모든 음료에는 화학적인 원재료가 전혀 들어가지 않는다. 예를 들어, 배도라지생강차는 단순히 배와 도라지 그리고 생강만 들어가고 보존제가 일체 들어가지 않는다.

보존제를 넣지 않으면 유통기한이 짧아진다는 단점이 있는데, 이 문제는 음료의 포장제를 차별화해 보완했다. 오가다의 모든 음료를 알루미늄으로 된 3중지 파우치에 담아 그 신선도가 오래가도록 한 것이다. 이 파우치의 공식적인 유통기한은 6개월이지만 대부분은 2~3개월 내에 모두 소진된다.

이처럼 오가다에서는 어떤 제품도 '건강'이라는 소중한 가치에 부합하지 않고서는 세상에 나올 수 없다. 고객의 눈길을 끌고 마음을 붙잡기 위해 건강한 재료를 사용하고 건강한 제조 과정을 거치는 것은 기본 중의 기본이다. 여기에 맛은 물론이고, 신메뉴 개발을 통해 고객에게 즐거움과 새로움을 선사하기 위해 최선을 다하고 있다. 외식 프랜차이즈 기업의 본질이 제품에 있는 만큼 오가다가 가장 열정을 쏟는 부분도 신메뉴를 개발하고 홍보하는 일이기 때문이다.

"내년 2월에 출시 예정인 한라봉 시리즈에 대한 기획과 개발을 오늘부터 세 달간 진행할 겁니다. 한라봉으로 만들 수 있는 음료 및 주전부리 메뉴들에 대해 경쟁업체들은 물론 전문잡지, 요리 블로그 등 다양한 채널로 조사해주세요."

오가다는 평균 2~3개월에 한 번씩 새로운 메뉴를 출시한다.

신메뉴는 연간 단위로 미리 계획을 세워두는데, 보통은 전년도 하반기에 이듬해의 신메뉴에 대한 전체 그림을 모두 그려놓는다. 그리고 이런 기획 과정에서 설문조사와 인터뷰 등을 통해 고객과 점주의 니즈를 파악하고, 경쟁업체들의 메뉴 출시 흐름도 파악한다.

현재까지 한국 전통차를 전문적으로 다루는 업체가 없기 때문에 우리는 경쟁업체를 좀 더 넓게 잡고 조사한다. 원두커피 카페 브랜드, 주스나 스무디, 빙수 등의 비커피 카페 브랜드, 대형마트나 슈퍼마켓, 편의점 등의 음료 유통 시장까지 두루 살피며 메뉴의 변화 추세를 감지하고 예측한다.

소비자의 니즈 파악, 경쟁업체 분석 외에도 현재 오가다 전체 메뉴의 제품 구성과 판매량을 분석해 부진한 메뉴들을 추려내는 작업도 기획 단계에서 하는 일이다. 메뉴를 무한정 늘릴 수 없기 때문에 전체 메뉴의 수를 정해둔 상태에서 부진한 메뉴들은 빼고 신제품 기획을 통해 탄생된 새로운 메뉴들을 집어넣는 것이다.

한편, 오가다의 경우 1년 동안 출시될 신메뉴의 주재료, 즉 과일이나 농작물 등을 먼저 정해둔다. 그리고 출시 3개월 전부터 해당 재료를 활용한 음료와 주전부리 등의 구체적인 메뉴 기획과 개발에 들어간다.

"우선 블렌딩 티부터 시음해보겠습니다. 달콤한 한라봉에 깔끔한 녹차의 풍미를 더해보았습니다. 다들 맛이 어떤지 평가 부탁드립니다."

"음, 녹차의 은은한 향이 느껴지면서도 한라봉의 단맛을 해치지 않는 것 같아 의외로 훌륭한 조합 같아요."

한라봉이라는 재료로 어떤 음료와 주전부리를 만들 것인지 콘셉트가 정해지면 메뉴 출시 두 달 전쯤에는 1차 메뉴 라인업이 완성된다. 그리고 이것으로 직영점 테스트와 몇몇 샘플 가맹점 점주들의 의견을 취합해 메뉴를 보완하고 레시피를 최종적으로 완성한다.

"일일이 계량컵을 사용해서 정확하게 하다 보니 시간이 많이 걸리는데, 시간을 줄일 좋은 방법 없을까요?"

"글쎄요. 음료의 맛을 완벽하게 구현해내려면 재료의 양을 정확히 계량하는 것이 관건이라⋯."

"이건 어떨까요? 아예 음료 컵에 눈금을 그려놓고 그 눈금에 맞게 계량을 하는 거죠. 그럼 시간이 훨씬 줄어들 것 같은데요."

메뉴가 확정되면 운영팀과 교육팀에서는 직영점에서 음료를 직접 만들어보며 어떻게 하면 더 쉽고 빠르게 만들 수 있을지를 고민하고, 방법을 찾아간다.

이런 과정을 거쳐 메뉴의 레시피와 제조법이 완성되면 출시 한 달 전부터는 전국의 모든 매장에서 교육을 실시한다. 또 마케팅팀에서는 계획에 따라 신메뉴를 홍보하고, 인쇄물 등을 만든다. 그리고 출시 예정 일이 되면 전국의 모든 오가다 매장에서 해당 메뉴들을 고객에게 선보이게 된다. 두세 달에 한 번씩 새로운 메뉴들이 출시되니 타 외식 프랜차이즈 브랜드들과 비교해 신제품이 자주, 그리고 많이 출시되는 편이다.

신제품 하나가 탄생하기까지 자료조사나 기획, 개발, 교육 등의 과정이 만만치 않은지라 창업 초기에는 좌충우돌하기도 했다. 하지만 현재 오가다는 이 모든 과정이 거의 완벽하게 프로세스로 정착돼 있기 때문에 오히려 신제품을 개발하는 과정이 즐겁고 기대가 되기까지 한다. 이 모든 것이 창업 초기부터 제품이라는 본질에 충실했기 때문에 가능했다.

o **건강한
파트너와
함께 가라**

오가다는 창업 이후 지금까지 외부 투자를 받지 않고 순수하게 우리의 힘으로 일궈나가고 있다. 그러다보니 재정적으로 힘든 순간도 있었다. 그동안 투자나 협약 등 솔깃한 제안들이 없었던 건 아니다. 그럼에도 흔들리지 않았던 것은 전통차라는 아이템이 그리 쉽게 다뤄져서는 안 되는 것이라 여기기 때문이었다. 한국의 전통차는 우리 고유의 것이기도 하지만 올바르게 쓰면 건강을 증진시키는 데 큰 도움이 되는 보약이기도 하기에 더더욱 신중을 기해야 한다.

전통차는 커피와 성질이 다르다. 커피는 품질 좋은 원두와 로스팅에 집중하면 된다. 그래서 커피는 R&D 비중이 그리 높지 않다. 하지만 전통차는 수십 가지 재료의 효능과 특징 등에 대해 꼼꼼히 공부해야 한다. 더군다나 오가다의 경우, 국내에서 확보하기 어려운 몇 가지 재료를 제외하고는 전체 한약재의 83％를 모두 국산으로 사용하고 있기에 작황이나 수급상황, 가격의 변동 등을 수시로 살펴야 한다. 이렇듯 전통차는 엄중하고도 섬세한 아이템이기에 결코 그 걸음이 경박해서는 안 된다. 그리고 비즈니스 파트너와의 제휴 역시 신중에 신중을 기해야 한다. 그래야만 건강이라는 가치를 지키면서 시너지를 기대할 수 있기 때문이다.

"일반 정제수가 아닌 약초를 달여 만든 우리만의 베이스워터를 만들어보는 건 어떨까요?"

"그거 정말 좋은 생각이에요. 연하게 달인다면 주재료의 맛과 향을 해치지 않으면서 건강에는 더 좋을 수 있겠네요. 당장 개발에 들어갑시다."

더 건강한 음료를 만들기 위해 고심하던 중 여러 가지 몸에 좋은 약재를 넣어서 달인 우리만의 베이스워터를 만들어보자는 의견이 나왔다. 며칠간의 의논 끝에 베이스워터의 5가지 콘셉트를 잡고 한의사 등 전문가들의 도움으로 각 콘셉트에 맞는 약재들을 추려냈다. 그와 동시에 농축액을 만들어줄 업체를 섭외했다.

"삼영식품공업이 어떨까요? 건강기능식품에 들어가는 농축액을 만드는 업체인데, 업계의 평도 좋고 30년 넘는 전통 있는 회사라 기술력도 탄탄합니다."

좋은 기술력과 평판을 가진 회사를 찾던 중 삼영식품공업을 알게 됐고, '오가다워터' 개발과 생산에 대한 제안을 했더니 흔쾌히 응해주었다. 갑과 을이 아닌 공정한 동업자 관계로 개발한다는 조건도 있지만, 건강한 우리 차를 만들고 판매하는 오가다를 마음에 들어 하는 듯했다.

이후 우리는 원재료의 배합 비율에 대한 특허권을 비롯해 상표권도 일정기간 동안 함께 공유하는 등 가장 합리적인 방법을 찾아 계약을 체결하고, 한국농수산식품유통공사(aT)의 지원을 받아 오가다워터 공동 개발에 돌입했다.

주로 대기업들과 거래하는 삼영식품공업에 오가다의 주문 물량이 많은 편은 아니었다. 그럼에도 개발 단계서부터 제조에 이르기까지 최선을 다해주었다. 다섯 종류의 오가다워터를 완성하기까지 샘플만도 40여 번 나왔고, 샘플이 나올 때마다 기존의 메뉴와 어울리는지 테스트하는 실험만도 7천 번 이상 했다. 그 모든 과정을 기꺼이, 즐겁게 해주었기에 지금의 오가다워터가 나올 수 있었다. 건강이라는 최고의 가치에 공감하지 않았다면 불가능한 일이었다.

이런 노력 덕분이었을까! 오가다워터를 맛본 고객들의 반응도 뜨거웠다.

"오가다워터? 이건 어떻게 주문하는 거예요?"

"주문하실 음료를 먼저 선택하시고, 그 음료에 들어갈 베이스워터로 다섯 가지 오가다워터 중 하나를 선택하시면 됩니다."

"음, 전 오미자로즈힙 블렌딩 티로 주문할게요."

"저는 한라봉주스로 주세요."

"네. 그러면 이제 두 분이 직접 본인의 음료에 들어갈 오가다워터를 골라주시면 됩니다. 오가다워터는 '강(强)·호(呼)·해(解)·미(美)·려(麗)'의 각 기능에 맞는 약재를 농축하여 만든 기능성 워터인데요, 고객님의 건강 상태나 취향에 따라 선택하시면 됩니다."

"가만 있자. 그럼 전 동안 피부, 노화 방지에 좋은 '미(美)'로 할게요."

"그래? 그럼 난 소화 촉진, 다이어트에 도움이 되는 '려(麗)'로 할게요."

2015년 5월부터 판매하기 시작한 블렌딩 티, 주스, 스무디에는 일반 정제수 대신 오가다워터를 사용하고 있다. 다섯 가지 오가다워터의 기능에 대해 좀 더 자세히 살펴보면, 우선 '강(强)'은 피로를 풀어주고 몸의 기운을 북돋아주는 데 효과적이다. '강'의 재료인 홍삼과 맥문동, 산수유가 맥의 기운을 강하게 해주고 자양강장에 도움을 주며, 히비스커스가 면역력을 증강시키기 때문이다.

그리고 '호(呼)'는 감기와 호흡기 질환 예방에 도움이 된다. '호'의 재료인 배와 도라지, 생강이 감기 예방뿐 아니라 폐 기능을 활성화시키고, 쟈스민이 기관지 기능을 개선해준다.

'해(解)'는 숙취 해소와 숙면에 도움이 되는데, '해'의 재료인 대추와 감초는 체내 해독 기능과 함께 체온 유지를 도와주고, 국화는 간 기능 활성화에 도움을 준다.

'미(美)'는 동안 피부, 노화 방지에 좋은데, '미'의 재료인 산수유는 면역력 강화와 항균 작용을 하며, 복분자와 석류는 피부노화 방지, 피부 미용에 도움을 준다. 또한 향기를 더하는 핑크로즈는 피부 미용과 생리불순 개선에 도움이 된다.

마지막으로 '려(麗)'는 소화를 돕고 다이어트에도 도움이 된다. '려'의 재료인 생강과 진피, 구기자는 혈액순환 개선 및 소화불량에 도움이 되고, 라벤더는 마음을 안정시키는 효과가 있다.

이처럼 한국 차의 전통을 잇는 건강한 차를 비롯해 오가다워터, 오가당 등을 지속적으로 연구하고 개발한 덕분에 오가다는 중소기업진흥회가 주최하고 중소기업청이 후원하는 '2015 대한민국 기업 경영대상'에서 품질경영 부문 대상을 수상하기도 했다.

한편, 건강하고 올바른 제품을 만드는 것 못지않게 그것들을 소비자에게 알리기 위한 다양한 유통채널을 확보하는 것도 중요한 과제다. 제품을 열심히 정성껏 만들었다면 그만큼 적극적으로 알려 더 많은 고객들이 접할 수 있게 해야 한다.

2017년, 오가다는 이마트의 프리미엄 PB 브랜드인 '피코크'와 손잡고 한방 음료 3종을 개발, 출시할 계획이다. 머지않아 커피와 탄산음료가 아닌 오가다의 건강한 전통 음료로 고객의 냉장고를 채우게 될 것이다. 그뿐 아니다. 유명 수제피자 업체와 콜라를 대신할 한방 음료를 공동 개발하는 등 오가다는 더 많은 고객과 만날 기회를 구상하고 있다.

사업을 하다 보면 어느 순간 삼영식품공업이나 이마트 피코크와 사업 파트너 관계를 맺은 것처럼 비즈니스적인 제휴를 맺게 되는 경우가 있다. 이런 비즈니스적 제휴는 기업의 성장에 날개를 달아주기도 한다. 더 크게 도약할 기회가 되기도 하는 것이다. 이때의 제휴는 당사자 간의 올바르고 건강한 가치를 따른다는 것을 전제로 해야 하며, 서로에게 도움이 되는 상생의 비즈니스여야 한다. 서로의 장점을 나누고 약점을 보완하여 시너지를 발휘할 수 있어야 하는 것이다. 그래야만 지속적이고 건강한 도약이 가능하다.

동업, 나보다 나은 사람과 하라

'동업을 해야 하나, 말아야 하나'라는 것은 사업을 준비하는 과정에서, 그리고 이미 기업을 운영 중에 있는 상태에서도 중요한 고민거리 중에 하나다. 동업을 하든, 하지 않든 장단점이 있지만 결론부터 말하자면, 동업은 반드시 해야 한다. 단, 나보다 더 나은 사람과 해야 한다.

동업을 해야 하는 이유는 명확하다. 세상에는 완벽한 사람이 없다. 또 누구든 어느 한 구석은 나보다 나은 사람이 있기 마련이다. 물론 여러 방면에서 나보다 월등한 사람도 있다. 이처럼 나의 부족함을 인정하고 나보다 더 나은 사람을 찾아 공통의 목표와 신념을 가지고 가장 적극적으로 사업에 참여하게 만드는 형태의 동업이어야 한다. 물론 이런 기준으로 동업자를 선택하더라도 그 위험을 피하기는 쉽지 않다. 특히 동업에 있어 몇 가지 유의할 점을 간과한다면 동업을 안 하느니만 못할 수도 있고 파국으로 치닫게 될 수도 있으니 다음의 기준을 꼼꼼히 잘 살펴야 한다.

하나, 우리는 이 사업을 왜 하려고 하는가?

동업자와 공유를 넘어 공감대를 형성해야 하는 가장 중요한 부분은, '과연 우리가 왜 이 일을 하는가?'이다. 사업을 함께 해나가면서 생기는 갈등들은 얼마든지 건설적인 토론을 통해 합의를 끌어낼 수 있다. 하지만 '왜 이 사업을 하는지'에 대한 이유가 서로 다르다면 끝까지 평행선을 달릴 수밖에 없다.

가령 대학생 A는 향후 대기업 취업에 도움이 되는 스펙 쌓기를 목적으로 하고, B는 해당 아이디어를 구현하는 것을 평생의 업이자 최상의 가치로 여기고 있다면, A와 B가 다른 면에서 모두 잘 맞는다고 해도 크고 작은 의사결정을 내릴 때 합의에 이르기는 힘들 것이다. 따라서 동업자와 사업을 시작하기 전에 이 사업을 왜 하려 하는지에 대한 깊이 있는 대화를 나누는 과정이 반드시 필요하다.

둘, 누가 어떤 역할을 맡을 것인가?

일반론적으로 창업을 할 때 필요한 인력의 3요소로는 '기획자', '엔지니어(기술자)', '디자이너'를 꼽는다. 기획자는 사업을 전반적으로 기획 및 관리하고 조율하는 역할을 맡고, 기술자는 사업 아이템의 핵심기술을 갖고 있다. 그리고 디자이너는 브랜드나 제품을 시각적으로 구현하는 역할을 맡게 된다. 창업을 구상하는 단계에서 서로 의지할 파트너를 물색한다면 기본적으로 이 3요소를 참고하여 구성하는 것이 좋다. 설령 엔지니어끼리 혹은 디자이너끼리 모여 동업을 한다 하더라도 위 3요소에 맞추어 역할을 구분하는 것이 좋다.

셋, 계약 조건은 어떻게 할 것인가?

누군가와 동업을 하기로 마음먹었다면 반드시 각각의 책임과 권한을 명확하게 하고 이를 문서로 만들어 정식 계약을 맺어야 한다. 참여 지분, 직책, 이익 분배의 원칙, 재투자 비율, 계약의 파기 조건, 결제 방식 등 최대한 일어날 수 있는 모든 상황을 가정하고 서로 합의하에 규정하고, 이를 명확히 문서화해야 한다. 특히 사적으로 가까운 관계일수록 문서로 된 계약서를 확실히 작성하는 것이 좋다. 이는 창업 이후 동업자 간 해당 이슈들에 대한 불필요한 갈등을 줄여준다. 또 공통의 목표를 향해 나아가는 데 있어서 시간 낭비를 최대한 줄여주는 장치가 되기도 한다. 한편, 계약을 할 때는 비용이 들더라도 법률전문가의 도움을 받을 것을 권한다. 이처럼 계약서를 명확하게 쓰는 것은 어느 한쪽을 위해서가 아니라 양측 모두를 위한 것이다.

넷, 동업에 임하는 마음자세

동업을 하는 데 있어 양보의 마음가짐은 필수적이다. 사람은 자신의 이익과 안위를 추구하려는 본능이 있기 때문에 동업자에 비해 자신이 어느 정도 손해를 본다는 마음가짐으로 임해야 오히려 적절한 균형이 맞춰질 수 있다. 따라서 쌍방의 합의하에 규정된 책임과 권한을 제외한 나머지 부분은 기꺼이 양보할 수 있다는 자세로 임해야 한다. 덧붙여 동업자에게 모든 것을 양보할 수 있다고 생각하고 동업을 결정했다 하더라도, 사업을 하다 보면 예기치 않은 갈등의 순간이 찾아올 수 있다. 그러니 주기적으로 진솔한 대화를 나눔으로써 오해나 의견 대립이 장기화되지 않도록 노력할 필요가 있다.

한국 전통차, 어디까지 마셔봤니?

2016년 7월, 미국 LA에 오가다 미국 1호점을 개점했다. 한인 타운 내에 위치하기 때문에 우리는 한국인들이 많이 찾을 거라고 예상했다. 그런데 의외로 미국인을 비롯해 외국인 고객이 더 많았다. 개점 후 1년이 채 지나지 않은 현재, 오가다 LA 매장의 한국인과 외국인 방문 비율은 서로 비슷한 수준을 유지하고 있다.

외국인이 오가다의 차에 매력을 느끼는 이유 중 하나는 한국 전통차가 '건강', '웰빙', '힐링', '미용' 등의 이미지를 연상시키기 때문이다. 또한 지나치게 한국의 것, 전통만을 고집하며 외국인에게 이질감을 주기보다는 한국 전통차와 차 문화를 재해석하고 현대화했다는 데서도 그 이유를 찾을 수 있다.

한국에서도 많은 외국인들이 오가다를 찾는다. 인사동, 삼청동, 청와대 인근 매장에는 외국인 관광객들이 많다. 그런가 하면 대학가나 번화가 등의 매장은 한국에 거주하는 외국인 고객이 많으며, 그들 중에는 아예 단골이 된 분들도 꽤 있다.

1호점 시절, 한 외국인 고객은 오가다의 전통차를 즐겨 마신 것은 물론 아예 새로운 음료의 레시피까지 제안하며 한국 전통 음료에 대한 애정을 보여주었었다. 외국어 고등학교 교사였던 그녀는 내가 매장 앞에서 춤추는 것을 보고 호기심이 생겨 우리 매장에 들렀었다.

"커피 주세요."

처음 방문했을 때 그녀는 당연하다는 듯 커피를 주문했다. 오가다는 커피를 팔지 않는다고 정중히 대답한 나는 대표적인 한국 전통차 몇 가지를 소개하며 맛이나 재료 등에 대한 설명도 덧붙였다. 그녀의 표정은 예상대로 그리 좋지 않았다.

"한번 드셔보세요. 고객님이 외국인이라 맛이 어떻게 느껴질진 모르겠지만 건강에는 정말 좋은 음료랍니다."

내친김에 시음도 부탁했다. 오가다가 세계적인 브랜드로 성장하는 꿈을 꿨던 만큼 외국인의 입맛에 맞추려는 노력도 필요하다는 생각에서였다. 대신 그녀가 외국인이라는 점을 고려해 입문 단계에서 접하면 좋을 법한 차부터 권했다.

"음, 맛있다곤 못하겠는데 몸에 좋은 음료라니 일단 노력은 해볼게요."

그날 이후 그녀는 종종 우리 매장에 들러 한국 전통차를 마셨다. 그리고 언제부턴가는 즐겨 마시던 커피를 뒤로하고 한국 전통차를 즐기는 단골고객이 되었다.

"이 음료 한번 만들어서 팔아봐요. 우리 엄마가 자주 해주시던 음료인데, 건강을 생각하는 한국 전통차와 잘 맞을 것 같아요. 특히 한국의 당근은 비타민도 풍부하고 품질이 좋잖아요."

그녀는 어머니의 오랜 노하우가 담긴 사과당근주스에 대한 아이디어와 함께 레시피까지 내게 넘겨주었다.

"오! 이거 정말 맛있겠는데요."

우리는 즉시 그녀가 준 레시피대로 음료를 만들어봤고, 이후 다른 고객들에게도 시음을 해보게 했다. 그러면서 더욱 대중적인 맛을 잡아나갔다. 덕분에 1호점 시절 출시했던 사과당근주스는 지금까지도 오가다의 효자 상품으로 자리매김하고 있다.

이처럼 건강이라는 소중한 가치가 통하자 외국인 고객마저도 한국 전통차의 팬이 되었고, 선뜻 집안 고유의 음료 레시피까지 공개하며 건강한 음료를 전파하는 오가다의 역할에 힘을 보탰다.

'건강한 차'라는 이미지 외에도 한국 전통차는 블렌딩을 통해 각양각색의 맛을 낼 수 있다는 매력이 있다. 나는 한국의 전통차를 만들고 판매하지만, 그렇다고 해서 커피를 의도적으로 피하지는 않는다. 오히려 아무런 선입견 없이 자유롭게 커피도 마시고 우리 차도 마신다. 그런데 언제부턴가 자연스레 우리 차에 손이 더 많이 갔고, 지금은 커피를 거의 마시지 않는다. 굳이 건강이나 애사심 때문이 아니라 우리 차가 더 맛있기 때문에 찾게 되는 것이다.

비단 나만의 이야기가 아니다. 우리 회사는 직원들을 위해 다양한 한국 전통차들은 물론 품질 좋은 커피 원두와 커피머신을 비치해두고 있다. 그런데 언제부턴가 원두가 거의 줄어들지 않는 것이었다.

"왜 커피 원두가 줄어들지를 않아요? 다들 이젠 커피를 안 드시나봐요."

"전 우리 차가 더 맛있어요. 다양한 향과 맛을 느낄 수 있잖아요."

"맞아요. 저도 요즘 우리 전통차에 푹 빠져 있어요. 우리 차는 특히 새로운 향과 맛을 무궁무진하게 창조해낼 수 있다는 것이 무척이나 매력적인 것 같아요."

직원들도 한국 전통차가 블렌딩을 어떻게 하는가에 따라 맛과 향을 낼 수 있는 범위가 굉장히 넓다는 데 흥미를 느끼고 있었다.

○ 오가다, 세계와 통하다

2009년 창업 이후 매년 가맹점이 20∼30개 정도씩 지속적으로 늘고, 본사를 비롯한 각 매장의 운영이 안정화돼 가자 나는 좀 더 큰 그림을 그릴 준비를 했다. 가맹점 점주들 또한 브랜드 이미지를 강화하기 위한 적극적인 마케팅을 요구해 왔기에 자연스럽게 해외 시장으로의 진출을 구상하게 되었다. '청년 창업가', '코리안 티 카페의 해외 진출'이라는 긍정적인 이슈를 만들기에 충분하다고 판단한 것이다.

나는 창업 초기부터 오가다를 글로벌 브랜드로 만들겠다는 포부를 가지고 있었다. 그리고 치킨이나 피자, 커피같이 해외에서도 흔한 아이템보다는 한국 전통차라는 우리 고유의 아이템으로 해외에 진출하면 그만큼 차별화도 되고 의미도 클 것이라 확신했다.

내가 우선 주목한 해외 시장은 일본이었다. 일본은 우리나라와 유사한 차 문화를 가지고 있었기 때문에 시장 진입이 다소 용이할 거라고 판단했다. 더불어 내가 기대한 것은 일종의 애국심 마케팅이었다. 다른 데도 아니고 도쿄 한복판에 한국의 전통차 카페를 연다는 것은 그 의미가 남다를 것 같았다.

결심이 선 후 나는 언론매체와 인터뷰를 할 때마다 해외 시장 진출 의사를 적극적으로 알렸다. 직영점 형태든 가맹점 형태든 외부의 투자 없이는 어려운 일이었기 때문이다. 간절한 마음과 운이 맞닿아서일까, 얼마 지나지 않아 일본의 한 중견기업에서 연락이

왔다.

기다렸던 제의였지만 그렇다고 무턱대고 손을 잡을 수는 없었다. 해외 진출 역시 파트너에 대한 기준은 명확했다. 한국의 전통차를 통해 건강한 문화를 전한다는 오가다의 가치에 공감하는 열정 있는 파트너여야 했다. 그리고 탄탄한 자본력과 경영실력으로 오가다 매장을 우직하게 성공시킬 수 있어야 했다.

여러 채널로 해당 기업에 대한 정보를 수집했고, 그것도 부족해 직접 대표와 미팅을 하기도 했다. 신중히 점검하고 검증해가면서 우리는 서로에 대해 어느 정도 신뢰를 쌓아가고 있었다. 그리고 일본 측에서 마지막 관문과도 같은 제의를 해왔다.

"마침 도쿄에서 한류 콘서트가 열리는데, 그곳에 부스를 차려 미리 시장조사를 해보는 게 어떨까요? 부스 참가비용과 직원 체류비용은 우리가 대겠습니다."

거절할 이유가 없었다. 부스 참가비용과 체류비용을 지원받을 수 있기 때문이 아니었다. 사실 나나 오가다의 핵심인력들이 일본으로 건너가 시장조사차 행사에 참여하는 것 자체가 우리에게는 엄청난 시간과 비용이 드는 일이었다. 그럼에도 오가다의 제품 시음회와 설문조사를 통해 한국의 전통차에 대한 일본인들의 반응을 살피는 것은 우리에게도 너무나 중요하고 의미 있는 일이었다.

"우리에게 주어진 시간은 2주일입니다. 그 안에 시음할 음료도 준비하고 홍보 전략도 짜고, 안무도 맞춰야 합니다. 우리에게 온

기회니만큼 보란 듯이 성공해 보이자고요."

"넵! 마침내 우리 오가다가 물 건너까지 그 매력을 알리게 되었으니 젖 먹던 힘까지 짜내서 반드시 해내야죠!"

일정이 촉박했지만 나는 짬이 날 때마다 직원들과 함께 일본에서 유행하는 케이팝에 맞춰 춤 연습을 했다. 부스만 덩그러니 만들어놓는다고 해서 사람들이 찾아오는 게 아닐 테니 눈길을 끄는 장치도 필요했다.

행사 당일, 음료와 홍보에 관한 준비를 마친 우리는 부스 앞에서 춤을 추며 사람들의 시선을 끌어 모았다. 행사가 진행된 3일 동안 음료를 만들어 무료로 나눠주면서 설문조사를 했는데, 기대 이상으로 반응이 좋았다. 덕분에 그때부터 일본 진출 속도는 더욱 빨라졌다. 2012년 도쿄 신주쿠에 1호점을 개점한 데 이어 2호점, 3호점까지 연이어 개점하게 되었다.

일본 시장 진출은 이익의 많고 적음을 떠나 오가다에게 해외 시장 진출의 생생한 경험을 선물했다. 물론 상당한 마케팅 효과도 거뒀다. 게다가 통관 문제나 마스터 프랜차이즈(프랜차이즈 본사가 가맹 희망자에게 계약기간 동안 본사의 노하우를 활용해 일정 지역에 가맹점 운영권을 판매할 권리를 주는 것) 계약에서 어떤 것을 중요하게 챙겨야 하는지 등의 노하우도 체득할 수 있었다. 이런 경험은 이후 미국 등 더 큰 시장으로 진출할 때 큰 도움이 되었다.

일본 진출 이후 우리는 대만, 중동 등 11개국과 라이선스 계약을 체결했다. 그 외에도 미국, 프랑스, 덴마크, 영국 등 지구 반대편에 있는 나라에서도 오가다 가맹점 개설에 대한 문의가 계속 들어오고 있다.

이런 문의가 반갑지만, 오가다 입장에서는 해외 진출을 결정하는 일이 늘 조심스러울 수밖에 없다. 특히 미국이나 유럽은 지리적으로 워낙 멀다 보니 통관 절차나 관리가 상대적으로 어렵다. 일단 파트너가 되면 본사에서 물심양면으로 최대한 지원을 하고 도움을 줘야 하는데, 현실적으로 한계가 있을 수밖에 없다. 그래서 제의가 오면 처음부터 그런 부분을 먼저 이야기한다.

지금은 미국 1호점이 된 LA점의 점주님이 처음 가맹점 문의를 해왔을 때도 마찬가지였다. 나는 오가다 해외 가맹점 개설에 대해 긍정적인 부분보다 염려되는 부분들을 계속 더 강조했다. 그리고 기업의 네트워킹이나 자본력이 충분하지 않은 상태에서 해외에 가맹점을 내면 그만큼 점주들의 부담이 커질 수밖에 없다는 설명을 하며 우회적으로 거절 의사를 밝혔다.

"한국과 미국이 지리적으로 먼 데다 오가다는 아직도 성장 중인 중소기업이라 지원이 흡족하지 않으실 수도 있습니다."

"이미 각오하고 있습니다. 그럼에도 저는 오가다를 꼭 하고 싶습니다. 한국의 지인들을 통해서 오가다에 대한 정보도 충분히 수집했고, 무엇보다 한국에 나갈 때마다 오가다 매장에 들렀는데, 제가 추구하는 가치와 너무도 잘 맞는 카페였습니다."

사실 미국은 무척이나 욕심나는 시장이었다. 더구나 미국 1호점으로 물망에 오른 점포가 스타벅스가 있던 자리였기에 상징성도 컸다. 그럼에도 나는 계속 거절의 뜻을 밝혔다. 나는 오가다가 국내에서 더 크게 성장한 뒤 해외 시장을 바라보는 것이 좋겠다는 생각을 가지고 있었다. 그리고 실제 해외 진출 시에도 가까운 나라부터 시작해 차근차근 해외 사업에 대한 노하우를 쌓은 뒤 먼 나라까지 진출할 계획을 갖고 있었다.

"직접 찾아뵙고 다시 얘기 드리겠습니다."

그분은 오가다에 대한 애정이 깊은 데다 강한 확신까지 가지고 있었다. 내가 거절 의사를 보일 때마다 한국으로 곧장 달려왔고, 결국 나는 그분의 열정에 마음이 흔들리고 말았다. 이 정도 열정과 확신을 가진 분이라면 좋은 결과를 낼 수 있을 것 같다는 생각이 들었던 것이다.

이렇게 신중한 과정을 통해 LA에 개점한 미국 1호점은 감사하게도 기대 이상의 성과를 내고 있고, 한국인뿐 아니라 미국인을 비롯한 외국인들 사이에서도 큰 인기를 끌고 있다. 덕분에 미국에서 가맹 문의가 이어지고 있지만 나는 결코 서두를 생각이 없다. 건강하고 탄탄한 걸음만이 전진이라는 성과를 가져온다는 것을 알기에 내실 다지기에 더욱 힘을 쏟으려 하는 것이다.

○ 제대로 알아야 제대로 알린다

창업 초기부터 해외 시장으로의 진출을 염두에 두었기에 한국의 전통차에 대한 명확한 정의를 내릴 필요가 있었다. 실질적인 해외 시장 진출 시 메뉴나 인테리어, 서비스 등을 표준화할지, 본질은 유지하되 최대한 현지화할지에 대한 기준이 필요했다. 오가다 입장에서는 브랜드의 정체성이나 독창성을 배제하고 단지 메뉴를 커피에서 차로 바꾸기만 하는 해외 진출은 큰 의미가 없었다.

나는 한국의 전통차에 관련된 책을 읽거나 전문가들을 만나면서 얻은 정보와 지식을 정리했다. 하지만 명확한 정의를 내리기가 결코 쉽지 않았다. 그러던 중 중국 차 전문가인 조은아 선생님을 만날 기회가 생겼다. 그런데 역설적이게도 그분을 통해 나는 한국 전통차에 대한 체계적이고 심도 있는 연구의 필요성을 깨닫게 되었다.

기원전 3~4세기부터 차를 재배하고 마셨던 중국은 차의 종주국이라고 해도 과언이 아니다. 그럼에도 조 선생님은 자신의 전문 분야를 '차'가 아닌 '중국 차'라고 규정했다. 다소 의아해 하는 내게 선생님은 설명을 이어갔다.

"한국 차와 중국 차는 그 차이가 분명합니다. 그만큼 고유한 특징과 문화를 가지고 있죠. 제가 중국 차를 전문적으로 연구했듯이 한국 차 역시 그 고유한 특징을 연구하고 더욱 살려나가려는 노력을 해야 합니다."

이후 나는 조 선생님과 한국 차를 어떻게 정의할 것인가에 대해 많은 이야기를 나누었다. 그리고 함께 중국 각지를 돌며 현지의 차 문화를 접하기도 했다. 덕분에 두 나라의 차에 대한 분명한 차이를 느끼며 한국 전통차에 대한 명확한 정의를 내릴 수 있었다. 더불어 해외 진출의 방향성 또한 더욱 뚜렷하게 잡을 수 있었다.

일반적으로 '차(茶)'는 찻잎, 즉 카멜리아 시넨시스(Camellia sinensis)라는 차나무 잎을 물에 우린 음료를 의미한다. 현재 차나무는 전 세계에 100여 종류가 분포하고 있으며, 재배 지역, 발효 정도, 건조 방법 등에 따라 녹차, 백차, 홍차, 청차, 흑차 등으로 구분한다.

좀 더 광범위하게는 차나무 잎만을 우린 차, 차나무 잎에 허브나 과일, 꽃잎을 말린 것을 섞은 가향차(加香茶), 그리고 감잎차나 연잎차처럼 차나무 이외의 다른 작물들이 단일 품목으로 된 차, 그리고 차나무 외의 다른 작물들끼리 섞은 차가 있다.

물론 한국에서도 차나무 잎으로 만든 여러 종류의 차들이 널리 음용되고 있다. 그런데 한국 차의 가장 큰 특징은 차나무 이외의 것들을 다양하게 섞은 차가 아주 발달했다는 점이다.

한국 차는 대추차나 유자차, 둥굴레차처럼 잎, 열매, 줄기, 뿌리 등 식물의 다양한 재료들을 우리거나 달여서 만든다. 이때 하나의 재료를 단품으로 사용하기도 하고 효능이나 맛, 향 등을 고려해 여러 재료를 블렌딩해서 마시기도 한다.

"그래! 여러 종류의 작물을 블렌딩한 차, 그게 바로 한국 전통 차의 차별점이야."

한국 차에 대해 더 명확하게 정의내리게 되자 중국 차나 일본 차와의 차별점 또한 분명해졌다. 그들이 '차'라고 규정하는 녹차류에만 국한시키기보다 우리 고유의 블렌딩 차를 차별점이자 강점으로 내세울 필요가 있었다. 또한 한국에서 재배되는 품종이 우수한 작물을 위주로 맛과 향이 어울리는 블렌딩 차를 만든다면 고유한 전통을 지키면서도 새로운 차를 무궁무진하게 만들어낼 수 있게 된다.

한국의 전통차를 상품화하기 위해서는 차를 마시는 행위와 문화에 대한 연구도 필수적으로 동반되어야 한다. 특히 중국이나 일본과 다른 한국만의 차별점을 찾는다면 국내는 물론 해외 진출 시에도 오가다만의 독창적인 문화를 창조할 수 있을 듯했다.

중국의 경우는 차 마시는 행위나 문화를 '다예(茶藝)'라고 할 정도로 차 문화가 기예나 공예의 경지에 올라 있다. 찻잎의 품종이나 우리는 방법 등에 대한 연구도 아주 깊이가 있고, 차를 거의 일상적으로 마시다보니 그 행위마저도 예술적으로 발달했다.

한편 일본은 '다도(茶道)'라고 해서 차를 자기 수양과 자기 성찰의 도구로 사용하는 경향이 있다. 혼자 차를 만들고 따르고 마시는 행위를 통해 심신을 가다듬으며 수양을 하는 것이다.

이에 비해 한국의 차는 '다례(茶禮)', 즉 소중한 손님이 오면 정성을 다해 극진한 예를 갖추고 차를 대접하는 문화이다.

물론 문화라는 것은 시간이 흐르면서 변하는 것이라서 한국의 차와 차 문화를 이렇게만 단정할 수는 없다. 그럼에도 현재 시점에서 한국 고유의 차와 차 문화의 특징을 정리할 필요가 있다. 그래야만 우리 것에 대한 명확한 정의를 내릴 수 있고, 다른 시장에 진출할 때도 그것을 토대로 거리낌 없이 버릴 건 버리고, 취할 건 취할 수 있다.

"차나무 잎은 물론 다양한 작물의 잎, 열매, 뿌리 등을 맛과 향에 어울리게 블렌딩해서 차를 만든다. 그리고 그 차를 소중한 손님에게 정성스레 대접한다."

이렇듯 한국 전통차와 차 문화를 이해하고 나니 오가다가 가야할 방향이 더욱 분명하게 보였다. 차를 내는 방식이야 현대식으로 재해석한다 치더라도 손님을 대접하는 정성스러운 마음만은 반드시 지켜져야 했다. "저는 당신을 이렇게 존중합니다. 저는 당신을 극진히 대접합니다"라는 마음으로 차를 내야 하는 것이다. 그것이 곧 오가다가 한국 전통차 브랜드로 성장해나가기 위해 지켜야 할 중요한 포인트였다.

"눈에 보이지 않는 마음을 도대체 어떻게 표현하지? 고객에게 친절하게 서비스하는 것만으로는 부족해."

나는 차 메뉴를 연구하는 와중에도 '정성', '대접'이라는 한국 차에 담긴 정서를 현실에서 구현해내기 위해 많은 궁리를 했다. 그러다 문득 떠오른 것이 감사의 마음을 전하는 메모지였다. 테이크아웃 해가는 음료를 낼 때 음료의 컵과 컵홀더 사이에 메모지를 꽂아 드려 고객이 다른 분께 차를 드릴 때 마음을 담은 메시지를 적어 드릴 수 있게 하는 것이다.

오가다 고객 중에는 누군가에게 드리기 위해 차를 주문하는 고객이 많다. 그 정성스러운 마음에 메시지까지 더하면 주는 사람도 받는 사람도 그 마음이 훨씬 잘 전달되고 더 커질 것 같았다.

매장에서 직접 차를 드시는 고객에게 음료를 낼 때는 약과나 대추칩 등 정갈한 주전부리를 함께 드린다. 귀한 손님이 집에 오면 뭐라도 하나 더 대접해드리려고 애쓰던 우리의 아름다운 풍습을 재현해본 것이다.

이런 '덤'은 외국인에게 한국의 정서와 문화를 알리는 데도 큰 도움이 된다. 패스트푸드점에서 케첩 하나를 더 받으려고 해도 돈을 내야 하는 외국에서 오가다의 덤 문화는 이색적이기도 하고, 한국의 넉넉한 인심을 전달하기에도 충분하다.

"어라, 컵이 두 개네요?"

"네. 두 분이 드실 거면 나눠서 드시라고 컵을 하나 더 넣었습니다."

손님 두 분이 와서 음료 하나를 테이크아웃 하는 경우가 종종 있다. 이런 땐 편하게 나눠 마실 수 있게 컵을 하나 더 드린다. 이런 소소한 서비스 역시 한국 고유의 정과 배려의 마음을 표현한 것이다.

창업을 꿈꾸고 나만의 창업 아이템을 찾았다면 그것에 대한 깊이 있는 연구와 이해는 필수적으로 동반되어야 한다. 마음이 앞선 나머지 대충 하거나 어설프게 흉내 내서는 나만의 색을 찾을 수도, 표현할 수도 없다. 잘 알지 못하면 잘 표현할 수도 없다. 제대로 알아야 응용이나 변형도 할 수 있고, 제대로 알릴 수도 있다.

또한 이러한 공부와 연구에 완성이란 없다. 앞서 말했듯이 문화가 변화하고 그에 따른 소비자의 의식도 변하기에 공부 또한 끊임없이 이어가야 한다. 나 역시 한국 전통차와 차 문화에 대해 꾸준히 공부하고 있다. 특히 우리나라만이 가진 차 문화의 핵심이 무엇인지 끊임없이 연구하고, 가까운 중국이나 일본과 차별화되는 우리만의 차와 차 문화를 찾아 오가다에 녹여내려 애쓰고 있다.

공간을 창조하고 가치를 팔라

"스타벅스를 능가하겠습니다!"

2009년 오가다 1호점을 개점하며 매장 전면에 새겨 넣었던 문구이다. 당시 사람들은 그것을 세상 물정 모르는 청년의 호방한 기세쯤으로 생각했을 것이다. 스타벅스의 규모와는 비교도 되지 않는 두 평짜리 작은 점포에서 이름조차 생소한 차들을 팔고 있었으니 그럴 만도 했다. 물론 손님 중에는 젊은이들이 정말 멋진 포부를 가졌다며 응원과 격려를 해주는 분들도 있었다.

하루는 중년의 한 신사분이 내게 느닷없이 돌직구를 날렸다.

"이봐요 젊은 사장님, 정말 스타벅스를 능가할 자신이 있어요?"

당황스럽긴 했지만 나는 당당히 내 꿈과 포부를 말씀드렸다. 그리고 내친김에 한국 전통차에 대한 비전도 설명드렸다.

"음, 젊은 사장님의 얘기를 듣다보니 내가 더 힘이 나는 것 같아요. 사실 요즘 내가 회사 생활이 너무 힘들어서 이직을 할지 어쩔지 고민하고 있었거든요."

그분은 중년의 나이에 다시 진로에 대한 고민을 해야 하는 것이 무척이나 서글펐던 차에 나를 보니 힘이 나고 위안이 된다고 했다. 콧구멍만 한 점포에서 힘들게 장사하면서도 반짝이는 눈빛으로 스타벅스를 능가하겠다고 말하는 내 모습에서 너무나 큰 힘을 얻었다는 것이다.

"젊은 사장님이 그 꿈을 이룰 수 있도록 내가 뭐라도 도움을 주고 싶어요."

"아휴, 말씀만으로도 정말 감사하고 힘이 납니다."

"아! 내가 이 점포의 홍보 전단지를 만들어 드리면 어떨까요? 우리 회사에서 거래하는 인쇄업체가 있으니 홍보물 파일만 보내주면 내가 전단지를 인쇄하는 비용을 후원할게요."

나는 폐를 끼칠 수 없다며 마음만 정말 감사하게 받겠다고 했다. 하지만 그분은 끝까지 후원의 뜻을 굽히지 않으셨다. 그리고 며칠 뒤 정말로 수천 장이 넘는 오가다 홍보 전단지를 전해주고 가셨다.

이후로 7년이 흘렀고 지금도 나는 '스타벅스를 능가하겠다'던 그 목표를 향해 달리고 있다. 그런데 나는 현재 스타벅스가 몇 개국에 진출해 있고, 각국의 매장이 몇 개이며, 매출액이 얼마인지에 대해 잘 모른다. 관심도 없다. 경쟁업체로 콕 찍어놓고는 그런 것도 모르냐고 할지 모르지만 내가 생각하는 스타벅스와의 경쟁은 그런 숫자 싸움이 아니다. 앞뒤 안 보며 미친 듯 달리다보면 그것을 능가하는 것이 뭐 그리 힘들까마는, 내가 바라는 오가다의 가치는 그런 것이 아니기에 신경조차 쓰지 않는다.

구글이 빠르고 다양한 정보를 찾아주는 검색 포털 사이트의 대명사이듯 스타벅스는 커피와 함께 진한 감성을 느끼게 하는 카페의 대명사이다. 그렇다면 오가다는 스타벅스가 주는 감성을 능가하는 그 이상의 감성, 즉 한국적인 정서가 물씬 풍기는 곳이어야 한다. 그리하여 '한국 전통차' 하면 바로 오가다가 연상될 수 있어야 한다.

그뿐만이 아니다. 오가다를 경험하는 모든 이가 건강하고 행복한 삶을 살 수 있도록 위안과 휴식, 힘을 주는 공간이어야 한다. 홍보 전단지를 후원해주었던 고객처럼 오가다에 와서 차를 마시고 이야기를 나누는 것만으로도 내일의 삶이 더 건강해지고 행복해지는 공간이 되었으면 한다. 그것이 진정 한국의 오가다가 미국의 스타벅스를 능가하는 길일 것이다.

○ 건강한 에너지와 휴식, 여유를 나누겠습니다

"단순히 음료를 파는 것을 넘어 오가다라는 공간을 통한 '웰빙 라이프 스타일 플랫폼(Well-Being Life Style Platform)'을 지향합니다. 이 같은 비전을 위해 오가다 매장에 건강한 음료와 함께 건강한 삶에 대한 제안을 담기 위한 다양한 시도를 펼칠 계획입니다."

언젠가 한 매체와의 인터뷰에서 내가 했던 말이다. 오가다는 테이크아웃 매장의 형태로 첫걸음을 뗐다. 창업 초기에는 경험이나 자본금 등이 부족했기 때문이다. 그때는 공간적인 제약 때문에 제품이나 서비스 이외의 것은 담을 여지가 거의 없었다. 하지만 나는 오가다를 구상할 때부터 카페형 매장도 함께 계획했었고, 외국 진출도 염두에 두고 있었다. 그리고 그 안에 무엇을 담을지도 어렴풋이나마 생각하고 있었다.

물론 그것이 무엇인지 명확하게 규정하진 못했다. 다만 고객이 오가다에 들러 그것을 경험함으로써 이전보다 더 나은 삶을 살게 되기를 바랐다. 오가다에 들러 답답한 마음을 시원하게 뚫고, 속상했던 마음을 풀고, 더 나은 내일을 계획하고 가길 바랐다. 오가다에 머무는 그 시간이 삶을 치유하는 시간이 되고 즐거움이 되고 에너지가 되기를 바랐다.

2012년, 오가다는 역삼동에 카페형 매장을 처음으로 선보였고, 같은 해에 일본으로 진출했다. 그리고 2013년에는 건강한 에너지와 휴식, 그리고 여유를 나누는 공간이라는 개념을 도입하며 'Korean Tea & Time'이라는 새로운 슬로건을 만들었다. '웰빙 라이프 스타일 플랫폼'이 되기 위한 첫 깃발을 꽂은 셈이다. 이후로 나는 언론 매체와의 인터뷰나 업무상의 미팅 등에서 이 부분을 의식적으로 강조하고 알렸다.

"우리 회사는 '웰빙 라이프 스타일 플랫폼' 역할을 해야 합니다. 우리 오가다가 현대인들과 건강에 좋은 차가 만나는 플랫폼, 즉 연결고리가 되어야 합니다."

회사에서 조회를 할 때는 물론, 직원들과 식사를 할 때도 우리의 가치와 비전에 대해 계속 이야기하며 함께 공유하고 공감하려고 노력했다. 심지어 회사에서 사용하는 모든 컴퓨터의 배경화면에 '웰빙 라이프 스타일 플랫폼'이라는 문구를 넣도록 했다.

"앞으로 우리 회사가 하는 모든 사업은 이 철학을 중심에 두고 진행할 겁니다. 그 가이드라인 안에서 자유롭게 아이디어를 내고 실현시켜갈 것입니다."

"몸에 좋은 차를 만들고 팔고 있으니 이미 오가다는 건강한 삶을 위한 플랫폼 역할을 하고 있지 않나요?"

"맞습니다. 하지만 우리 오가다가 추구하는 웰빙은 단순히 몸의 건강만을 의미하는 것이 아닙니다. 오가다가 추구하는 웰빙은 몸과 마음이 모두 건강하고 행복한, 조화로운 삶입니다."

오가다는 단순히 커피와 차별화된 음료인 차만 파는 공간이 아니다. 오가다는 한국 고유의 맛있고 건강한 차를 파는 것은 물론, 우리의 전통문화를 현대적으로 재해석한 편안하고 즐거운 공간이다. 방문하는 것만으로도 에너지를 얻어갈 수 있는 곳, 그리하여 이후의 삶이 더 나아질 수 있는 공간이다. 이것이 곧 오가다가 구현하려고 하는 '웰빙 라이프 스타일 플랫폼'이다.

이후 카페 오가다는 물론이고 우리가 하는 모든 사업이 이 철학을 가장 중심에 두고 구현되고 있고, 앞으로도 그럴 것이다. 브랜드를 확장하든지 라인을 확장하든지, 혹은 카페나 외식업을 벗어난 다른 사업을 추진할 때도 '웰빙 라이프 스타일 플랫폼'이라는 기준을 분명하게 지켜나갈 것이다.

현재 오가다는 카페라는 공간을 활용해 '웰빙 라이프 스타일 플랫폼'을 구축 중이다. 그 대표적인 것이 '오키즈(O'KIDS)'와 '페이지그린(PAGE GREEN)'이다. 오키즈는 기존의 키즈카페 개념에 카페 공간을 좀 더 확장한 매장이다. 기존의 키즈카페가 지나치게 아이들의 놀이공간에만 집중한 반면, 오키즈는 차를 마시는 카페 공간도 편안하고 넓게 만들었다. 그래서 아이들이 신나게 노는 동안 엄마들도 편안하게 차를 마시며 휴식을 취하고 담소를 나눌 수 있다. 엄마도 아이도 모두가 행복한 공간인 것이다.

페이지그린은 카페, 꽃, 책, 디퓨저 등을 전문으로 하는 각 업체들이 서로 협력하여 만든 공동 매장이다. 오가다의 사업 영역에 대해 고민하면서 나는 꽃이나 책 등과 결합한 카페를 구상하고 있었다. 그런데 때마침 업체에서 연락이 왔다.

"저희가 구상하는 복합매장과 오가다가 잘 어울릴 것 같아서 연락드렸습니다."

꽃과 나무, 책, 디퓨저 등 건강한 삶을 제안하는 콘셉트의 매장과 건강한 한국 전통차를 다루는 카페 오가다가 너무나 잘 맞아떨어진 것이다. 게다가 오가다는 인테리어, 디자인, 마케팅, 물류 등 중요한 핵심역량을 모두 갖춘 기업이라 그들에게 더없이 좋은 파트너였다. 물론 우리에게도 역시 반가운 제안이 아닐 수 없었다. 리스크를 최소화하면서 계획하던 매장을 실험적으로 해볼 수 있으니 마다할 이유가 없었다.

"음, 꽃향기 너무 좋아. 아름다운 정원에 온 것 같아."

"그러게. 이렇게 꽃과 나무에 둘러싸여 따뜻한 차를 마시고 책도 읽으니 지난 일주일 동안의 피로가 확 풀리는 것 같네."

꽃과 책, 디퓨저 등은 판매용이기도 하지만 인테리어 소품이기도 하다. 다행히도 매장이 입점한 롯데마트 측에서도 고객들에게 부담 없이 즐기며 휴식을 취하다 가시라고 홍보한다. 이처럼 여러 업체가 협력하여 복합매장을 만들 때 우리의 가치와 부합하는 파트너를 만나는 것은 무척이나 중요한 일이다.

2016년 12월에는 오가다의 기획으로 오가다와 여행업체, 사진관과 백팩 브랜드가 협력하여 여행을 테마로 한 카페를 열었다. 이 또한 '웰빙 라이프 스타일 플랫폼'을 구현하기 위한 노력의 일환이었다.

우리는 이처럼 '건강한 삶을 위한 연결고리를 만든다'는 가치를 지키며 사업 영역을 확장해가고 있다. 이러한 활동들은 사업적인 면에서의 성과 역시 크다. 그리고 오가다라는 기업의 정체성을 다지는 데도 큰 도움이 된다.

기업의 생존과 성공은 결국 지속적인 성장을 통해서만 이룰 수 있다. 그리고 이를 위해서는 방향, 즉 기업의 정체성을 정하는 일이 무척이나 중요하다. 무엇을 향해 달리고 왜 달려야 하는지를 분명하게 정해두면 사업을 확장하려고 할 때 취하고 버려야 할 것이 분명해진다.

또한 고객의 입장에서도 그 기업을 떠올릴 때 하나의 분명한 이미지가 만들어진다. 단순히 무언가를 파는 기업이 아닌, 창의적이고 혁신적인 기업, 재미있고 유쾌한 기업, 건강하고 행복한 기업이라는 이미지가 형성되는 것이다. 이를 위해 필요한 것이 제품과 그 제품을 판매하는 공간, 서비스 등에 기업의 가치를 담는 일이다. 예컨대 창의적이고 혁신적인 기업 이미지를 형성하기 위해서는 판매하는 제품은 물론이고 매장, 그리고 그 안에서 구현되는 모든 것이 창의성과 혁신이라는 가치를 중심에 두어야 한다.

창업을 구상하는 단계에서부터 자신의 사업에 어떤 가치를 담을 것인지, 무엇을 추구할 것인지에 대해 미리 고민할 필요가 있다. 즉 어느 정도의 명확한 기업 정체성을 갖춘 상태에서 출발해야 한다.

사업에 대한 열정만으로 덜컥 창업을 하게 되면 이후 어떤 선택을 해야 하는 상황이 올 때 혼란을 피할 수 없게 된다. 그 결과 잘못된 선택을 하게 되기도 한다. 하지만 기업의 가치와 정체성에 대해 창업 전부터 미리 고민하고 어느 정도 정립해둔다면, 이후 방향을 정하기가 쉽다. 그리고 사업적인 경험을 이어가면서 기업의 가치와 정체성을 더욱 확고히 다져나갈 수 있다.

개인사업자와 법인사업자의 차이점

개인사업자로 창업한 이후 수입이 일정 규모 이상으로 늘어나면 통상적으로 법인

사업자로의 전환을 모색하게 된다. 이때 두 사업자의 차이점을 명확히 알지 못하면

곤란을 겪을 수도 있다. 예를 들면, 개인 기업에서는 사업이익을 생활비 같은 개인

적 용도로 사용해도 큰 문제가 되지 않지만, 법인 기업은 법인이 사업의 주체가 되

기 때문에 상법과 세법 등에서 훨씬 많은 규제가 따른다. 그래서 번거롭더라도 자금

사용에 대한 기장도 보다 철저히 해야 한다. 통장 입출금 관계가 확실하지 않으면

회사의 차입금 이자가 부인당할 수도 있고, 빈 부분만큼 대표이사가 가져간 것으로

보고 상여로 처분할 수도 있고, 배임 또는 횡령의 송사에 휘말릴 수도 있다.

그럼에도 불구하고 많은 회사들이 법인으로 전환하는 이유는 법인 기업이 갖는 많

은 장점들 때문이다.

그 장점은 첫째, 성장 가능성이 있는 업종이라면 우수한 인재나 투자 자금을 확보하

기가 상대적으로 쉽다. 둘째, 대외 신용 면에서 법인 기업이 개인 기업보다 우수하

다. 사업 내용이나 실적이 같더라도 개인 기업이냐 법인 기업이냐에 따라 금융권이나 일반인들의 시각은 다른데, 일반적으로 법인 기업이 개인 기업보다 신용도와 대외적인 공신력이 높다. 셋째, 향후 코스닥 등록이나 상장을 하면 중견기업 이상으로 회사를 발전시킬 수 있다. 넷째, 세금 제도에 있어서도 법인 기업이 유리한 측면이 많다.

세금 제도를 좀 더 구체적으로 살펴보자.

예를 들어, 당기순이익이 2억 5천만 원이고, 이 중 회사 대표 A씨의 급여가 1억 2천만 원인 회사가 있다고 하자.

A씨가 개인사업자일 경우를 보자. 종합소득 공제액이 1천만 원이라고 가정하면, 과세표준은 2억 4천만 원(2억 5천만 원-1천만 원)에 38%의 소득세율을 적용한 후 누진공제액 1,490만 원을 빼면 7,630만 원이 된다.

그런데 A씨가 이 사업을 법인 사업으로 전환한다면, 법인세는 1,300만 원[(2억 5천만 원-1억 2천만 원)×10%(법인세율)], 근로소득세는 2,360만 원{[1억 2천만 원-1천만 원(근로소득 공제의 가정치)]×35%(소득세율)-1,490만 원(누진공제액)}이다. 법인사업자일 때 A씨가 총 납부해야 할 세금은 법인세와 근로소득세를 합한 3,660만 원으로, 개인사업자일 때보다 절반 정도로 줄어들게 된다. [물론 회사 이익에서 급여와 세금을 뺀 나머지 이익은 회사의 이익잉여금으로 남는데, 이 돈을 주주인 대표가 가지고 갈 경우 배당소득세 25%(지방소득세 별도)가 별도로 부과될 수 있음]

향후 법인으로 전환할 계획이 있다면 개인사업자일 때부터 통장에 입출금할 때 사적인 것과 공적인 것은 완전히 구분해서 처리하는 것이 좋다. 이는 법인으로 전환할 적정한 시점을 따져보는 데 필요하기도 하고, 전환 과정에서의 혼선을 최소화하는 데도 도움이 된다.

다음은 개인사업자와 법인사업자의 주요사항을 간략하게 비교해놓은 표이다. 참고하기 바란다.

▶ 개인사업자와 법인사업자 비교

구분	개인사업자	법인사업자
개요	회사를 설립하는 데 상법상 별도의 절차가 필요치 않아 그 설립 절차가 간편하고, 휴업 및 폐업이 비교적 쉽다.	법인 설립등기를 함으로써 법인격을 취득한 법인과 국세기본법의 규정에 따라 법인격 없는 단체 등도 포함된다.
장점	· 소규모 사업에 적합하다. · 사업 이익 전부가 사업자에 귀속된다. · 회사 활동이 상대적으로 자유롭다.	· 자본 조달 및 규모의 경제에 유리하다. · 출자 지분에 따라 책임과 이익이 배분된다. · 소유와 경영의 분리가 가능하다. · 대외 브랜드 강화에 유리하다. · 세제혜택이 상대적으로 많다.

단점	· 사업자가 모든 위험을 부담한다. · 회사의 영속성을 보장받기 어렵다. · 외부 자본 조달이 어렵다. · 높은 소득세율이 적용된다.	· 주주 간 이해 차이에 따른 분쟁 위험 · 회사 자금의 개인 용도 사용 불가 · 법률상 의무 및 규제가 많다.
납부 세금	종합소득세	법인세
세율 구조	6~38%(5단계)	10~22%(3단계)
기장 의무	간편장부 또는 복식부기	복식부기
외부 감사	불필요	직전 자산 총계 100억 원 이상 법인 필수

취업은 짧고 사업은 길다

04

독립성공자,
두려움을 넘어
더 넓은 세상으로!

잘나고 멋진 모습의 나를 사랑하는 것은 쉽다.

하지만 진짜 사랑은 못난 나,

약한 나까지도 예뻐하고 보듬는 것이다.

별다른 성과가 없음에도 열심히 하는 나,

그 과정에서 실수도 하고 실패도 하고,

때론 나약해지기도 하는 나를

사랑하고 품는 것이 진짜 자기애다.

그렇게 있는 그대로의 나를 사랑해야

행복할 수 있고,

그로 인해 성장하고 성공할 수 있다.

넌 카페에서 알바 하니?
난 카페를 경영한다!

"갑작스러운 한파에 사람들이 아예 거리로 나오질 않네요. 어떡하죠?"

"어떡하긴 뭘 어떡해요? 고객들이 안 오면 우리가 고객을 찾아가면 되죠!"

6개월 동안 오가다 직영점의 점주가 된 한 청년 점주는 오지 않는 고객은 먼저 찾아가면 된다는 명쾌한 답을 내렸다. 그리고 즉시 움직였다.

본사에서 지원한 마케팅 비용으로 청년 점주는 배달 서비스를 하기 위한 쿠폰 이벤트와 명함 이벤트 등 다양한 프로모션을 기획했다.

"안녕하세요, 오가다입니다. 날씨가 꽤 추워졌죠? 차 한 잔도 배달해 드리니 부담 없이 전화주세요."

"아, 길 건너에 있는 1층 카페군요. 우리 거기 종종 가는데, 이번 주엔 너무 추워서 엄두가 안 나네요. 배달도 된다니 너무 반가워요. 말 나온 김에 지금 배달 주문해도 될까요?"

"그럼요. 너무 감사합니다! 서비스 음료 쿠폰도 꼭 챙겨드리겠습니다."

날씨가 춥다보니 배달 서비스는 꽤 인기를 끌었고, 곧바로 매출 상승으로 이어졌다. 청년 점주는 내친김에 거리 홍보를 하기 위해 등에 지고 다닐 수 있는 음료통까지 특별 제작했다. 그리고 직원들과 함께 음료통을 지고 인근 건물은 물론 거리를 오가는 시민들을 대상으로 시음행사를 펼쳤다.

"안녕하세요, 오가다입니다. 몸에 좋은 한국의 전통차입니다. 따뜻한 차 한잔 드셔보세요."

"추운데 잘됐다. 우리 차 한잔만 주세요."

"한 잔이라뇨! 두 분이신데 당연히 두 잔을 드려야죠. 하하."

시음행사에 대한 반응도 꽤 좋았다. 추운 겨울날 음료통을 등에 지고 나온 젊은 청년들은 초라해 보이기는커녕 열정적이고 멋져 보였다. 거리를 지나다니는 시민들은 그들의 열정에 따뜻한 차를 시음하는 것으로 응원해주었다. 개중에는 매장이 어디 있냐고 묻고는 얼었던 몸도 녹일 겸 바로 매장으로 발길을 옮기는 분들도 있었다.

2013년부터 오가다는 사회공헌활동의 일환으로 '청년 창업 프로젝트'를 실행하고 있다. 외식사업 쪽으로 창업을 꿈꾸는 청년들에게 미리 경험의 기회를 제공함으로써 실전에서의 실패 확률을 줄이고 성공 가능성을 높여주고자 시작한 일이다. 즉, 실제로 점주가 되어 오가다 매장을 직접 운영하면서 실력을 키우고 깨달음을 얻을 기회를 제공하는 프로젝트다. 쉽게 경험할 수 없는 실전 경영의 기회인 데다 충분한 보상까지 따르니 청년 점주들은 자신의 기량을 한껏 발휘하며 열정적으로 매장을 운영한다.

○ 청년들이여, 성공세포를 키우라!

"젊을 때 고생은 사서도 한다."

"실패도 자산이다."

"실패는 성공의 어머니이다."

실패에 관한 유명한 명언들이다. 이 말들을 요약해보면 '젊을 때 고생은 사서도 하니 과감히 도전하고, 만약 실패를 하더라도 값진 자산으로 여겨라', '실패는 성공을 낳는 어머니이니 오히려 감사히 여겨라'가 된다.

도전하는 청년들을 격려하고 실패를 위로하는 고마운 말이 아닐 수 없다. 그럼에도 나는 청년들에게 실패에 대한 내성을 길러주기보다는 덜 실패할 수 있는 방법을 가르쳐주고 싶다.

생존을 위해 연애도 결혼도 출산도 포기하는 청춘이 늘고 있다고 한다. '3포 세대'로 시작한 그들은 '5포 세대'를 거쳐 이제 포기해야 할 특정 숫자가 정해지지 않은 'N포 세대'가 돼가고 있다. 지켜야 할 것보다 포기해야 할 것이 더 많아지고 있는 청춘들에게 실패가 아름답고 값진 것이라고 말할 수만은 없다.

성공한 이에게 실패는 자산이고 경험이고 어머니일지 모르나 성공하지 못한 이에게 실패는 여전히 아프고 힘든 현실이다. 나는 그들이 덜 아프고 덜 힘겨웠으면 좋겠다. 피할 수 없다면 즐겨야 하지만 피할 방법이 있다면 피하는 것이 좋다. 실패의 경험을 줄이고 성공의 경험을 늘림으로써 내 안에 성공세포를 키워둬야 머지 않은 미래에 꿈을 향한 멋진 열정샷을 날릴 수 있다.

"학창시절 외식업 아르바이트 경험도 있고 관심도 많아서 그쪽으로 창업을 하고 싶어요. 그런데 외식업 쪽은 워낙 초기 투자금이 많이 들어서 엄두가 안 나요."

"IT 쪽은 좋은 아이템만 있으면 노트북 한 대만으로도 창업이 가능하잖아요. 하지만 외식업은 점포도 있어야 하고 인테리어도 해야 하니 우리 같은 청년들이 하기엔 그림의 떡이죠."

외식업은 아이템이 좋고 열정이 넘쳐도 돈이 없으면 도전하기 힘든 분야 중 하나이다. 게다가 어렵사리 돈을 구해 도전을 한다고 하더라도 실패할 경우 리스크가 너무나 크다. 실패를 통한 성장치고는 너무 큰 대가를 치러야 한다. 또한 멘토를 만나기도 쉽지 않다. 이런 어려움들을 우리 오가다가 조금이나마 덜어주자는 취지로 기획한 것이 앞서 말한 '청년 창업 프로젝트'이다.

20대 청년들을 대상으로 한 이 프로젝트는 서류 심사와 프레젠테이션, 그리고 면접을 통해 최종 합격자를 선발한다. 합격자는 총 한 달간 사전 교육을 받게 되는데, 첫 2주는 본사 교육팀에서 운영 노하우 및 리더십 교육 등 이론과 실습교육을 받는다. 그리고 나머지 2주는 실제 오가다 매장에서 직접 일을 하면서 배우는데, 이때 슈퍼바이저로부터 집중적으로 교육 및 관리를 받게 된다.

한 달간의 교육을 마치고 나면 이들은 점주 겸 창업자가 되어서 6개월 동안 오가다 직영점을 통째로 운영하게 된다. 그 6개월 동안 나는 2주에 한 번씩 해당 매장에 들러 청년 점주에게 매장 경영과 관련된 일대일 컨설팅과 멘토링을 해준다. 또 1천만 원의 마케팅 비용을 지원해주는데, 점주로서 더 나은 서비스를 구현하고 매출을 증대시키는 등 매장을 운영하면서 해보고 싶은 것은 다 해보라는 취지에서 지급하는 지원금이다.

"저… 월급은 어떻게 되죠?"

사회 곳곳에서 열정페이를 강요하는 탓에 예비 청년 점주들은 잔뜩 긴장한 표정으로 월급에 대해 묻곤 한다.

"월급은 따로 없습니다. 점주가 월급 받고 일하지는 않으니까요. 대신 운영비를 제외한 수익금 전액이 모두 청년 점주님의 몫입니다."

"네? 정말이세요? 만약 한 달에 5백만 원의 수익을 남기면 그걸 모두 제가 갖는다고요?"

"네, 맞습니다. 취업이 아닌 창업이니까요. 열심히 하면, 하는만큼의 수익을 얻을 수 있다는 것도 창업의 매력 중 하나죠."

6개월 동안 발생하는 수익금은 무조건 프로젝트에 합격한 청년 점주의 몫이다. 그래야만 실제 점주처럼 주인의식을 갖고 열심히 운영할 수 있다. 이에 비해 오가다 측의 요구조건은 거의 없다. 그저 믿고 맡긴 매장이니 손해만 나지 않게 해주면 된다.

매장 운영을 통해 얻어지는 수익금은 청년 점주에게 주고, 리스크는 오가다가 떠안는 구조인 만큼 합격자 선발 과정은 아주 까다롭고 어렵다. 1차 관문은 일반 기업처럼 서류전형 정도의 수준이지만 2차는 꽤 까다롭다.

우선은 특정 매장을 정해두고 지원자가 컨설턴트가 되어 그 매장의 문제점을 분석하고 개선방안을 마련하게 한다. 그리고 현재의 매출을 분석하고 본인이 운영하게 될 기간의 목표 매출을 설정하게 한다. 그 다음은 어떻게 그것을 달성할 것인지 세부적인 계획에 대해 프레젠테이션을 하게 한다.

대다수의 지원자들은 이 2차 관문에서 스스로 포기하거나 불합격한다. 실제로 창업 경험이 한 번도 없고 이론 공부만 한 청년들 입장에서 실제로 장사를 하고 있는 매장에 대한 컨설팅 계획을 잡는다는 것은 여간 어려운 일이 아닐 것이다. 그러다보니 2차까지 합격한 후 한 달간 사전교육을 받는 과정에서 스스로 포기하는 경우도 있다.

이 모든 과정을 무사히 통과한 지원자들은 예정대로 한 명씩 각 직영점을 배정받아 6개월간 자신의 열정에 아이디어까지 보태 매장을 운영하게 된다. 이 기간 동안 청년 점주들은 매장의 주인이 되어 매장 운영, 인력 운영, 손익 분석, 마케팅 등 실전과 동일한 경험을 하게 된다. 이런 경험은 향후 취업이나 창업 계획을 세우고 실현하는 데 큰 밑거름이 된다. 또한 프로젝트를 무사히 수료한 청년에게는 오가다 인턴 자격이 주어지며, 입사 시 혜택을 제공하고 있다.

'청년 창업 프로젝트'는 2017년 현재 4기 수료식을 마치고 5기를 맞을 준비를 하고 있다. 오가다는 이 프로젝트를 지속적으로 실시하고, 나아가 더 확대해나갈 계획이다. 취업난에 시달리는 20대 청년들이 자신의 길을 찾고, 그 길을 향해 뚜벅뚜벅 나아갈 수 있도록 희망과 자신감을 키워주고자 하는 오가다의 작은 배려이다.

○ 믿고 지원하고 보상하는 만큼 성장한다

'청년 창업 프로젝트'에 참여한 거의 모든 기수의 청년 점주들이 이전과 비교해 더 나은 성과를 창출해냈다. 그만큼 열정적이고 냉철한 시각으로 매장의 혁신을 꾀했다는 의미이니 감사한 일이 아닐 수 없다. 발생한 수익이야 청년 점주의 몫이라지만 그들을 통해 얻은 또 다른 가능성들은 오가다의 귀한 자산으로 차곡차곡 쌓여가고 있다.

프로젝트가 진행되는 중간중간 나는 청년 점주들과 많은 대화를 나눴다. 그리고 프로젝트가 종료되고 난 뒤에도 편안한 자리를 마련해 그들에게 느낀 점들을 물었다.

"고생들 많으셨어요. 모두들 기대 이상으로 잘해주셔서 전 여러분이 너무나 고맙고 대견합니다. 여러분은 오가다와 함께한 지난 6개월이 어떠셨어요?"

"너무 많은 것을 배웠어요. 지난 6개월간의 경험은 향후 제가 창업을 하든 취업을 하든 정말 든든한 밑거름이 될 겁니다."

좋은 취지로 시작한 일인 만큼 모두에게 도움이 됐다니 나로서도 여간 기쁜 일이 아니다.

"창업을 하고 직접 매장을 운영하는 것이 이렇게 힘든 일인 줄 몰랐어요. 무엇을 하든 제가 상상했던 것 이상으로 어렵고 힘들었어요. 막연히 카페를 운영하는 게 멋져 보인다고 무턱대고 덤볐다간 큰 코 다쳤을 것 같아요."

"2차 테스트 때 제가 맡을 매장인지도 모르고 제법 야무지게 컨설팅을 했어요. 그런데 막상 매장을 맡고 보니 이상과 현실이 얼마나 다른지 알겠더라고요. 제가 놓친 것들을 하나하나 발견하면서 시야가 많이 넓어지는 걸 느꼈어요."

"아르바이트를 할 때와 달리 막상 점주가 돼서 이익도 손해도 모두 내가 책임지다 보니 손익계산서를 계속 만들 수밖에 없더라고요. 그렇게 6개월 동안 손익계산서를 만들다보니 사업을 하는 데 있어서 실질적인 개념들을 확실히 알게 된 것 같아요."

"맞아요. 저도 그랬어요. 예전에 삼촌 가게에서 매니저 일도 해봤지만 제가 직접 해보니 그 차원이 완전 다르더라고요. 오가다 매장의 점주가 돼 직접 운영하면서 장사에 대한 메커니즘을 확실히 알게 된 것 같아요. 게다가 이게 내 일이다 싶으니까 머리에 쏙쏙 잘 들어오더라고요."

청년들의 깨달음 못지않게 오가다의 이득도 컸다. 특히 청년 점주들의 허심탄회한 피드백은 현재 오가다 경영의 문제점들과 개선해야 할 점들을 세세히 볼 수 있게 해줬고, 실제로 회사의 정책에도 반영되었다.

"보고서에 점주님들 입장에서 오가다 매장 운영 중 어려웠던 점, 좋았던 점, 장점과 단점, 본사가 더욱 보완해야 할 점 등을 솔직하게 써주십시오."

비록 6개월이라는 제한된 기간이었지만 그들 모두가 오가다의 점주였다. 그러니 당연히 오가다 입장에서 그들의 소리 하나하나에 귀를 기울일 필요가 있었다.

우리는 마지막 수료식에서 이 보고서를 토대로 다시 한 번 멋진 토론을 벌였다. 프로젝트에 참여했던 청년들 역시 점주의 입장은 물론 본사의 입장 또한 이해할 수 있는 좋은 기회였다.

"지난 6개월간 여러분은 점주였고, 그래서 점주의 입장에서 생각했어요. 그런데 향후 여러분은 본사의 직원, 혹은 기업의 대표가 될 수도 있습니다. 그러니 다양한 입장에서 하는 이야기를 들으며 공감의 폭을 넓힐 필요가 있습니다."

청년 점주들이 매장 하나를 운영하는 것은 물론, 본사 전체의 운영에 대해서도 어느 정도 감각을 익힐 수 있도록 나는 그때마다 짧은 강의를 들려주기도 했다. 그들의 꿈이 장사를 하거나 매장 하나를 운영하는 데서 멈추지 않을 거라는 걸 알기 때문이다.

나는 그들로부터 생생한 피드백을 받는 것 외에도 프로젝트를 진행하며 큰 깨달음과 도움을 받은 것이 있다. '청년 창업 프로젝트' 실시 이후 오가다는 점장들의 권한의 폭을 더욱 넓혀주고 명확한 인센티브 정책을 내놓게 된 것이다. 권한과 책임, 그리고 보상은 결국 같이 가야 하는 것인데, 이전까지는 책임만 강조했을 뿐 명확한 인센티브 정책도 없고 권한도 별로 없었다. 하지만 프로젝트 시행 후 나는 책임만큼이나 중요한 것이 권한과 보상임을 깨닫게 되었다.

이후 나는 이러한 깨달음을 회사 정책에 적극 반영했다. 매장 내 인사권, 정해진 예산 안에서의 자유로운 홍보, 그리고 매출 향상에 따른 점장 수당 등을 보장해줌으로써 점장의 권한과 보상을 강화해주었다.

정책을 시행한 이후 놀랍게도 매출이 지속적으로 상승한 것은 물론 점장들의 능력과 책임감이 더욱 커졌다. 믿고 지원하고 보상해주는 만큼 자신의 역할이 더욱 커짐을 알고 스스로 노력하고 책임지려는 의지가 더욱 강화된 것이다.

한편, 6개월간의 '청년 창업 프로젝트'를 마친 청년 점주들은 현재 각자의 자리에서 더 멋진 삶을 이어가고 있다. 대학원에 진학해 경영 공부를 하고, 오가다를 비롯한 외식 프랜차이즈 기업에 입사해 실무를 익히고, 점포를 창업해 점주가 되기도 했다. 그들이 어떤 길을 선택했든 오가다와 함께했던 6개월간의 경험이 성공의 씨앗이 되어 그들의 꿈에 한 발짝 더 다가가는 기회가 되었기를 바란다.

있는 그대로의 나를 사랑하라

"현금 없어요?"

카드 한 장만 달랑 들고 목포에 온 나는 강연 장소까지 가기 위해 마을버스에 올랐다. 그런데 지방이라 그런지 카드 결제가 되지 않았다. 때는 2010년이었다. 수중에 단돈 900원이 없었던 나는 망연자실하며 버스에서 다시 내릴 수밖에 없었다.

2009년 오가다를 창업한 후 직영점과 가맹점이 늘어가고, 청년 창업가로서 주목을 받게 되자 곳곳에서 강연 요청이 들어왔다. 물론 내가 대단한 성공을 거둔 인물이어서 그런 것은 아니었다. 젊은이들에게 생소하게 느껴질 한국 전통차를 다루고, 힘든 와중에도 열심히 나아가고 있는 인물을 소개함으로써 이 땅의 청년들에게 희망을 주려는 취지였다.

당시는 몸이 열 개라도 모자랄 만큼 바쁜 데다 본사 건립과 제조시설 확충 등으로 재정적으로도 여유가 없을 때였다. 그럼에도 나는 강연 제의가 올 때마다 적극적으로 응했다. 오가다를 알릴 좋은 기회인 데다, 무엇보다 창업을 희망하며 자신의 길을 탐색하는 청년들에게 먼저 그 길을 걸어간 사람으로서 해줄 말이 있을 것 같았기 때문이다.

"형, 나 목포에 있는 대학에 강연하러 왔는데 버스비가 없어요. 돈 좀 보내주면 안 될까?"

믿을 구석이라곤 동업자인 부대표 선배밖에 없어서 급히 도움을 청했다.

"에휴, 이 웬수야. 돈 바로 넣을 테니 강연이나 잘하고 와."

"고마워, 형. 그런데 다른 곳에서 곧장 빼내갈 수도 있으니까 나랑 통화하면서 돈 보내줘요."

들어오는 돈보다 나갈 돈이 더 많던 때라 통장에 잔고가 남아날 짬이 없었다. 결국 우리는 007 작전에 버금가는 현금 수송 작전을 펼쳤다.

어렵사리 현금을 찾아 차비를 지불하고 버스를 탔다. 강연장으로 향하던 버스가 터널 안으로 들어섰고, 버스 유리창 너머로 내 얼굴이 비쳤다. 짧은 순간이었지만 유리창에 비친 내 얼굴을 보고 있자니 슬프기도 하고 애처롭기도 했다. 회계사라는 좋은 직업까지 그만두고 나와 함께하는 부대표님에게도 미안한 마음이 들었다. 그럼에도 나는 내가 너무 대견하고 사랑스러워서 깜깜한 유리창에 비친 내 모습을 보며 환하게 웃어줬다.

'괜찮아. 이게 다 너의 꿈을 향해 가는 과정이잖아. 힘들지 않게 가면 좋겠지만 힘들게 가면 또 어때? 넌 지금도 충분히 잘하고 있고 앞으로도 잘할 거잖아. 안 그래?'

게다가 그날은 척박한 현실에서도 희망을 품고 꿈을 찾고 있는 또 다른 나에게 힘내라는 응원을 전하러 가는 길이었다. 그러니 지금껏 잘 달려온 나를 더더욱 인정하고 앞으로 열심히 달려갈 나를 격려해야 했다.

"힘들고 초라하지만 그럼에도 열심히 나아가고 있는 자기 자신을 사랑하고 응원해야 합니다. 그것이 자기애입니다."

나는 대부분의 강연에서 성장과 성공의 필수요소로 '자기애'를 꼽는다. 잘나고 멋진 모습의 나를 사랑하는 것은 쉽다. 하지만 진짜 사랑은 못난 나, 약한 나까지도 예뻐하고 보듬는 것이다. 별다른 성과가 없음에도 열심히 하는 나, 그 과정에서 실수도 하고 실패도 하고, 때론 나약해지기도 하는 나를 사랑하고 품는 것이 진짜 자기애다. 그렇게 있는 그대로의 나를 사랑해야 행복할 수 있고, 그로 인해 성장하고 성공할 수 있다.

○ 누구보다 먼저 자신을 응원하라

흔히들 연애를 많이 해봐야 좋은 사람을 보는 눈도 생기고 연인을 대하는 마음도 성숙한다고 한다. 하지만 반드시 그런 것은 아니다. 즉, 많은 연애 경험이 반드시 사랑에 대한 태도를 성숙하게 하는 것은 아니다.

내 친구 중에 연애 경험만큼은 누구에게도 뒤지지 않는, 소위 '타잔형' 연애쟁이가 있다. 그 친구는 중학교 시절 처음 연애를 시작해서 서른 살이 될 때까지 30여 명의 여자 친구를 사귀었다. 반기도 모자라 분기별로 아주 꾸준하게 여자 친구를 바꿨고, 이별 후 성찰이나 애도의 기간도 딱히 없었다.

반면 서른 살이 되어서야 첫 연애를 해보고, 그 연애 상대와 결혼까지 한 친구가 있다. 그 친구는 이후 아이도 낳고 고소하게 깨도 볶으며 행복하게 잘 살고 있다.

하루는 이 두 친구를 한자리에서 만날 기회가 있었다. 셋이 술잔을 기울이며 사랑과 연애, 결혼에 관한 이야기를 나눴는데, 연애 경험이 많은 친구는 "여자가 다 거기서 거기다. 그래서 가는 여자 안 잡고 오는 여자 안 막는다"며 아주 비관적인 연애관을 보였다. 수많은 연애 경험을 통해 성숙해지기는커녕 오히려 상처를 받은 것 같아 안타까웠다.

이에 비해 첫 연애가 결혼으로까지 이어진 친구는 "사랑은 물을 주고 햇빛을 주고 관심을 주면 무럭무럭 자라는 꽃과 같은 거

237

야"라며 사랑에 대해 아주 성숙한 태도를 보였다. 나는 이 둘을 보면서 경험이 반드시 성장으로 이어지는 것은 아니라는 걸 또 한 번 느꼈다.

창업을 하고 사업을 하는 과정에서도 당연히 실패와 좌절을 겪을 수 있다. 모두가 그런 과정을 겪으며 성장한다. 그런데 연애든 일이든, 경험이 성장으로 이어지기 위해서는 자기를 사랑하는 마음, 즉 자기애가 반드시 필요하다. 자기애가 있으면 실패 경험도 성공을 위한 거름이 될 수 있지만 자기애가 없으면 실패는 자학과 자괴감만 키우게 한다.

우리가 성장하기 위해서는 결과보다는 목표로 향해 가는 과정에서 열심히 했던 자신을 칭찬하고 대견해 해야 한다. 결과가 좋지 않다고 해서 자신을 나무라고 채찍질하다 보면 자기애가 떨어진다. '나는 왜 이럴까?', '나는 왜 안될까?'라며 자학하다 보면 큰 성장을 이루기도 전에 다치고 스스로 무너져버릴 수도 있다.

처음 오가다 1호점을 개점한 첫날 나는 매출 0원을 기록했다. 그 충격으로 다음날부터 나와 직원들은 강행군을 시작했다. 매일 매장 앞에서 춤을 추고, 합숙을 하고, 손님은 물론 매장 앞을 그냥 지나가는 분들에게도 계속 인사를 했다. 아침에 일어나 보면 베개가 코피로 물들어 있을 만큼 몸도 마음도 힘든 날들이었다.

얼마나 열심히 인사를 했으면 퇴근길에 아파트 승강기에서 만난 이웃에게 "감사합니다. 안녕히 가세요!"라고 외친 일도 있었다. 하루 종일 점포에서 손님들에게 인사를 하다 보니 습관이 돼버린 것이었다.

나는 이웃에게 미안하다고 인사를 했고, 상황에 맞지 않는 황당한 인사에 이웃은 미친 사람 쳐다보듯 나를 아래위로 살피다 집으로 들어갔다. 승강기에 홀로 남아 거울을 쳐다보는데, 울컥하며 눈물이 나오려 했다. '내가 무슨 부귀영화를 누리겠다고 이렇게까지 하고 있나'라는 생각도 들었다. 그러다 문득, 그런 내 모습이 너무 귀엽고 사랑스럽게 느껴졌다. 부귀영화가 아닌 꿈을 향해 힘들어도 열심히 잘 가고 있는 내가 너무나 대견하게 느껴졌다.

"괜찮아, 넌 잘하고 있어. 너 정말 열심히 하고 있어."

나는 거울 속의 나를 마음으로 토닥여주었다. 덕분에 나는 다음날에도 열심히 달릴 수 있었다.

○ 결과가 아닌 과정을 칭찬하라

오가다는 지속적인 성장에 힘입어 청와대, 제2롯데월드, 코엑스몰 같은 특수상권이나 대형쇼핑몰 등 랜드마크 지역에 잇달아 입점했다. 매장마다 입점하기까지 꽤 많은 노력을 기울였고, 그 과정에서 사업가로서의 나 자신도 더욱 성숙해져갔다. 특히 2014년 코엑스몰에 입점할 때 들인 노력은 피와 땀 그 자체였는데, 입점 후의 사업적 성패를 떠나 꽤나 의미 있는 도전이었다.

요즘처럼 대규모 쇼핑몰이나 아울렛 단지가 많지 않던 7~8년 전에는 코엑스몰이 전국에서 가장 상권 좋은 쇼핑단지로 손꼽혔다. 입점한 점포들 대부분이 매출 실적이 좋은 것은 물론이고, 신생 기업의 경우 코엑스몰에 입점한 후 전국구 브랜드로 성장한 경우도 꽤 많았다.

2014년에 코엑스몰이 리뉴얼을 한다는 정보를 일찌감치 입수한 나는 3년 전인 2011년부터 코엑스몰에 입점하기 위해 정보를 수집하는 등 계속 신경을 쓰고 있었다. 그러던 2012년 어느 날, 코엑스몰에서 중요한 입찰이 있다는 정보를 접하고는 무작정 그곳으로 달려갔다. 그런데 행사 장소에 도착하고 보니 분위기가 조금 이상했다.

"부장님, △△호텔 측에서도 온 것 같습니다."

"그래? 너무 신경 쓰지 마. △△호텔보다야 우리 ☆☆그룹이 훨씬 더 경쟁력 있지."

알고 보니 그들은 내로라하는 대기업들에서 나온 사람들로, 입찰 참여를 위해 결성된 각 회사의 TF팀인 것 같았다. 게다가 상무나 부장급 이상이 두세 명의 팀원과 함께 움직이고 있었다. 반면에 나는 이름도 생소한 작은 중소기업인 데다 나이도 어리고 혼자였다. 그래서인지 다들 나를 힐끔거렸다. 백조들 사이에 미운 오리 새끼 한 마리가 끼어 있는 꼴이었다. 그럼에도 나는 당당했다.

사실 그날은 코엑스몰에서 행사를 할 때 식사와 음료 등 전체적인 음식 공급을 총괄할 업체를 선정하는 자리였기에 오가다와는 다소 거리가 있었다. 그런 걸 알면서도 나는 입찰이 어떤 식으로 이루어지는지 경험하기 위해 참여했던 것이다. 그러니 기죽을 이유도 없고 낙담할 이유도 없었다.

　"지금부터 설명회를 시작하겠습니다. 우선 입찰에 참여 신청을 하신 업체들의 출석을 확인하겠습니다. ◇◇호텔 오셨나요? △△호텔 오셨나요? ☆☆그룹 오셨나요? ○○그룹 오셨나요? 오가다 오셨나요?"

　"네! 오가다 여기 왔습니다!"

　"오가다? 오가다가 어디에요?"

　다들 '오가다'라는 말에 고개를 갸웃거렸다. 쟁쟁한 대기업들 사이에 듣도 보도 못한 회사가 끼여 있으니 그럴 만도 했다. 흥미롭다는 듯 쳐다보는 그들의 눈초리에도 나는 그 자리가 너무나 재미있고 신났다. 보고만 있어도 멋진 그들과 어깨를 나란히 하며 경쟁하고 있는 내가 너무나 대견했다.

　그 이후로도 나는 코엑스몰에서 주최하는 행사가 있으면 가능한 한 참여했다. 그리고 마침내 2014년에 코엑스몰에 입점하게 되었다. 그것도 가장 좋은 위치에 평수도 넓은 자리였다. 그때도 내로라하는 브랜드들과 경쟁을 했지만 그간 입찰 노하우를 쌓아두었던 덕분에 입찰에 성공할 수 있었다.

사실 사업적인 면에서 평가한다면 코엑스몰 입점은 좋은 선택이 아니었다. 입점까지의 피나는 노력이 무색하리만큼 사업적 성과는 기대에 훨씬 못 미쳤기 때문이다. 불과 몇 년 사이에 시장이 너무 많이 변해서 코엑스몰 상권이 예전에 비해 많이 죽어버렸던 것이다. 그에 비해 과도한 보증금과 임대료 때문에 결국 우리는 그곳에서 철수할 수밖에 없었다.

금전적인 손익을 따지자면 할 말이 없다. 그만큼 큰 손해를 봤다. 하지만 그때의 경험은 분명 나를 성장시키는 소중한 거름으로 작용하고 있다. 엄두가 나지 않던 일에 겁 없이 덤벼들었던 호기로움이 자랑스럽기도 하고, 그 과정에서 한 치의 부끄러움도 없었던 내가 좋았다. 비록 출혈이 심했지만 그 과정에서 또 다른 교훈도 얻었다. 이렇듯 성공과 실패라는 결과에 연연하기보다는 그 과정에서의 나의 노력을 인정해주고 칭찬해준다면 모든 경험은 성장으로 이어질 수 있다.

개척자로 살라

"쯧쯧, 저 가게는 횡단보도 때문에 망했어요. 다들 신호가 바뀌기 무섭게 맞은편으로 건너가 버리잖아요."

부동산중개인의 말이다. 그 분야의 전문가가 하는 말이라 다들 수긍하며 고개를 끄덕였다.

"사실 저 가게가 횡단보도 덕분에 대박이 났잖아요. 점포 바로 앞에 횡단보도가 있으니 건너편에 있던 사람들이 다들 신호가 바뀌기 무섭게 저 가게로 달려가잖아요."

불과 몇 달 뒤, 같은 점포를 보며 동일한 부동산중개인이 한 말이다. 그때도 사람들은 고개를 끄덕이며 그 말에 동의했다.

다름 아닌 오가다 1호점인 시청점 이야기이다. 1호점 점포를 내게 소개시켜줬던 중개인은 내게 '횡단보도 때문에' 제빛을 발하지 못하는 점포라고 말했었다. 그럼에도 나는 다른 가능성들을 보고 그 점포를 선택했고, 보란 듯이 성공했다. 그러자 중개인은 점포를 문의하는 사람들에게 시청점을 대박 점포의 모델이라고 하며 '횡단보도 덕분에' 빛을 본 곳이라고 소개했다. 결과만 두고 분석을 하니 '때문에'가 하루아침에 '덕분에'로 바뀐 것이다.

창업, 특히 자영업자가 창업을 할 때는 상권을 많이 따진다. 특히 길목이라 부르는 요지에 자리를 잡아야 성공할 수 있다고 한다. 틀린 말은 아니다. 그러나 남들이 말하는 요지에 자리를 잡으려면 그만큼 많은 돈이 들어갈 수밖에 없다. 형편에 맞춰 창업을 해야 하니 어쩔 수 없이 요지에서 다소 벗어난 자리에서 창업을 한다. 그러나 이런 지리적 요건이 성공의 절대적인 조건은 아니다. 자신이 어떻게 하느냐에 따라 평범한 자리도 최적의 요지로 만들 수 있는 것이다.

세상에는 세 가지 부류의 사람들이 있다. 첫 번째는 제 나름의 전문가적인 식견을 가지고 어떤 현상을 분석하고, 그것을 다른 사람에게 이야기하는 '평론가'이다. 앞서 말한 부동산중개인이 여기 해당된다. 두 번째는 평론가의 평론을 맹목적으로 수용하고 추종하는 '추종자'이다. 부동산중개인의 말에 연신 고개를 끄덕인 사람들이 여기 해당된다. 그리고 세 번째는 스스로 탐색하고 부딪치며 자신만의 결론을 만들어내는 '개척자'이다. '때문에'를 '덕분에'로 만드는 용기 있는 사람들이 여기에 속한다.

의사결정을 내리기 힘든 상황이 오면 대부분의 사람들은 평론 가에게 조언을 구한다. 하지만 그들의 평론은 결국 개척자가 만들 어 놓은 결과에 대한 분석일 뿐 절대적일 순 없다. 즉, 결과나 결론 에 따라 달라지는, 끼워 맞추기식 분석과 조언인 것이니 참고는 하 되 맹신해서는 안 된다.

경험이 성장으로 이어지게 하기 위해서는 스스로 개척자가 되 어 노력할 필요가 있다. 같은 일이라도 어떠한 마음가짐으로 경험 하느냐에 따라 성장의 크기는 달라진다. 큰 성장을 바란다면 당연 히 개척자가 되어 자신만의 결과를 만들어내야 한다.

나는 어릴 때부터 많은 일들을 스스로 결정하고 해결하는 데 익숙해져 있었다. 부모님은 나와 내 누나를 키우시면서 별다른 간 섭이나 지시 없이 그저 '알아서 하라'고 하셨다. 물론 그 바탕에는 우리 남매를 향한 믿음과 사랑이 깔려 있었다.

부모님의 믿음과 사랑을 알기에 나는 나와 관련된 많은 일들을 스스로 개척하고 해결하면서 만족감과 성취감을 키워갔다. 아침 에 잠자리에서 일어나는 사소한 일에서부터 크게는 진로를 결정 하는 일까지 나는 혼자 모든 것을 알아서 했다. 물론 그 과정에서 좌충우돌하기도 했다. 그럼에도 스스로 정보를 구하고 경험해봄으로써 더 나은 방법을 찾아갔고, 결국에는 더 나은 결과까지 만들어냈다. 그리고 그런 경험들은 나를 더욱 성장하게 한 차진 거름이 되었다.

○ 힘들어야 힘이 생긴다

언젠가부터 나는 여러 가지 선택 사항 중 더 어려운 것을 선택하는 습관이 생겼다. 기왕 하는 것이라면 더 힘든 것부터 해두면 그만큼 내성도 생기고 힘도 갖춰진다. 덕분에 이후의 것들은 상대적으로 더 편하게 느껴진다. 예컨대 10kg의 모래주머니를 차고 운동하는 것은 5kg의 모래주머니를 차고 운동하는 것보다 훨씬 어렵고 힘들다. 하지만 처음부터 그 무게에 익숙하게 훈련을 해두면 이후 5kg의 모래주머니 정도는 별것 아니게 여겨진다. 힘든 만큼 힘이 길러지는 것이다.

사업도 마찬가지다. 남들이 검증해놓은 방법대로 하는 것은 당장은 편하고 성공 가능성도 높겠지만 장기적으로 보면 오히려 실패할 확률이 더 높다. 기존에 형성되어 있는 시장에서의 경쟁도 치열할뿐더러 그만큼 새로운 경쟁자들이 진입하기도 쉽기 때문이다.

건강이라는 가치 외에도 내가 한국 전통차를 창업 아이템으로 정한 데는 아무도 가지 않은 더 어려운 길을 선택함으로써 누구도 흉내 내지 못할 나만의 역량을 갖추려는 의도도 있었다. 오가다를 경영하면서도 선택의 순간이 오면 나는 가능한 한 개척자가 되어 나만의 답을 찾아내고, 그만큼의 힘을 쌓으려고 노력했다. 물류 시스템 구축도 그 일환 중 하나였다.

물류는 프랜차이즈 기업이 해결해야 할 중요한 과제 중 하나이다. 원자재를 구매하고 보관하는 것은 물론, 전국에 있는 가맹점에 제품과 영업에 필요한 부자재 등을 원활하게 공급해야 하는 것이다. 대부분의 중소기업은 이것을 아웃소싱하는 방식으로 해결한다. 수수료만 내면 되니, 당장 지불해야 하는 돈도 적고 편하기도 하다.

오가다는 여느 중소기업들과는 다르게 창업 초기부터 물류센터를 비롯한 물류 시스템을 자체적으로 갖추고 있다. 건물을 짓고 차량을 구매하고 직원들의 인건비까지 고정적으로 나가야 하니 염려와 반대의 목소리가 높았다.

"창업 초기에 돈 들어갈 데가 얼마나 많은데 물류까지 갖추려고 해요? 그냥 위탁을 하는 게 돈도 적게 들고 훨씬 편하지 않나요?"

"당장은 그게 이익처럼 보일지 모르지만 나중을 생각하면 처음부터 물류 시스템을 확실히 구축해두는 게 낫습니다."

"쯧쯧, 젊은 사장이 사업을 몰라도 너무 모르는구먼. 사업은 모름지기 선택과 집중을 해야 하는 거라고."

프랜차이즈 기업들은 흔히들 당장 눈에 보이는 가맹점과 직영점 늘리기에 집중한다. 그것도 중요한 일이기는 하지만 기업이 성장하기 위해서는 눈앞의 것만 바라보고 가서는 안 된다. 나는 오가다에 대한 큰 그림을 그리고 있었고, 그것을 실현시키기 위해서는 물류라는 큰 기둥 하나를 탄탄히 세워둘 필요가 있다고 판단했다.

나는 오가다를 종합식품회사로 성장시킬 목표를 가지고 있다. 그 목표를 이루기 위해서는 물류라는 기반이 받쳐주어야 하고, 그에 대한 경험이 필요하다고 판단했다. 유통을 직접 할 수 있는 시설이 갖추어진 상태에서는 브랜드를 확장하거나 판매 채널을 넓혀가기가 훨씬 편하다. 또한 제품을 연구 · 개발하는 데도 큰 도움이 된다.

"최근 들어 음료 프랜차이즈 회사에서 산딸기 발주가 부쩍 늘었어요. 단맛도 강하고 향도 좋으니 차나 주스로 만들어도 좋을 거예요."

자체적인 물류 시스템이 있으면 협력업체들과 직접 연락을 하거나 대면할 일이 많다. 그러다보면 물류 시스템을 통해 제품 개발과 관련된 유용한 정보들을 얻을 때도 종종 있다. 이런 정보는 시장의 변화를 파악하고 예측하는 데 큰 도움이 된다.

"최 대표, 오가다는 그때 물류시설 갖춰두길 정말 잘했어. 덕분에 다른 업체들이 감히 전통차 시장을 넘볼 수가 없잖아."

몇 년이 지난 지금, 사람들은 오가다가 자체적인 물류 시스템을 구축하고 역량을 쌓아온 것을 부러워한다. 전통차는 아이템 특성상 커피나 주스류보다 훨씬 섬세하고 다양한 탓에 시장 진입이 어렵다. 설령 시장에 진입한다고 해도 제품 개발이나 물류 등을 통해 지금껏 쌓아온 오가다의 역량을 따라잡기는 쉽지 않다.

사실 무엇을 하든 어려움은 있다. 그런데 큰 그림을 분명하게 그려놓았다면 좀 어렵더라도 반드시 필요한 것을 선택하고, 그 어려움을 이겨냄으로써 역량을 키우는 것이 중요하다. 그 과정에서 누구도 따라올 수 없는 탄탄한 힘이 생겨난다.

성공이 100% 보장된 사업은 그 어디에도 없다. 조금 더 안정적이거나 덜 안정적일 순 있다. 하지만 이 역시 평론가들의 분석일 뿐이다. 더군다나 정보화 시대가 되면서 인간이 가진 지식의 총량이 빠른 속도로 늘어나고 있다. 그만큼 세상의 변화 속도도 빨라져서 오늘의 분석은 내일이 되면 이미 과거의 것으로 밀려나게 된다. 그러니 그런 분석이나 글에 너무 신경 쓸 필요가 없다. 더군다나 무비판적인 수용과 맹신은 아주 위험하다.

오히려 그 시간과 열정으로 자신에게 더 집중해야 한다. 자기 자신에 대한 철저한 탐구와 통찰로 자신이 원하는 것을 찾고, 그 힘으로 자신만의 시장을 개척해야 한다. 그러다보면 자연스레 역량도 쌓이고 성장과 성공도 이룰 수 있다.

깊이, 더 깊이 파고들라

"제가 최근에 식당을 하나 개업했는데 불경기라 그런지 장사가 너무 안되네요. 직접 오셔서 어떤 점을 개선하면 좋을지 한번 봐주세요."

오가다가 두 평짜리 작은 점포에서 시작한 기업이다 보니 소규모 점포를 운영하는 분들이 컨설팅을 요청하는 경우가 종종 있다. 나는 공식적인 업무가 없는 주말을 이용해 컨설팅을 해주곤 하는데, 그날도 한 사장님의 요청으로 해당 점포에 들러 이것저것 꼼꼼히 살폈다.

추운 겨울임에도 사장님은 직접 행인들에게 전단지를 나눠주며 거리 홍보까지 하고 있었다. 전단지 한 귀퉁이에는 먹음직스러운 초콜릿까지 붙여서 사람들이 손을 내밀도록 나름의 장치를 마련해두었다.

"전단지에 초콜릿을 붙인 건 정말 좋은 아이디어시네요."

"그렇죠? 요즘 날씨가 추워서 그런지 사람들이 호주머니에서 손을 안 꺼내더라고요. 그래서 과감히 초콜릿을 붙였죠."

사장님은 전단지를 인쇄하고 초콜릿을 구매하는 비용으로 수십만 원이 들었다며 한숨을 내쉬었다. 장사가 워낙 안되다 보니 이런 홍보 비용도 부담이 되는 것이다.

"투자하신 보람이 분명 있을 겁니다. 자, 전단지 마저 돌리고 얼른 매장으로 가보죠."

그렇게 사장님을 도와 한 시간 가까이 전단지를 배포하고 매장으로 와보니 손님 몇 분이 식사를 하고 계셨다. 나는 그분들에게도 초콜릿을 나눠드리는 게 어떻겠냐고 했다.

"아휴, 이게 돈이 얼만데요. 이미 우리 가게에 오신 손님들한테 뭣 하러 이 비싼 걸 나눠줘요."

"이분들이야 말로 진짜 고객이신데…."

"참 답답하시네요. 누가 다 잡은 물고기한테 먹이를 줘요? 가뜩이나 장사도 안되는데…."

순간 내 입에서는 탄식이 터져 나왔다. 점포 밖에 있는 사람들에게는 제발 이것 좀 받아가달라며 초콜릿까지 나눠주고는 정작 매장을 찾아온 진짜 고객에게는 단돈 100원 쓰는 것도 아까워하는 모습이 너무나 실망스러웠다. 나는 왜 그 점포가 장사가 안되는지 알 것 같았다.

많은 소상공인들이 '요즘 경기가 안 좋다', '상권이 몰락하고 있다', '입지를 잘못 잡았다', '유동 인구가 소비력이 없다' 등등 장사가 안되는 원인을 외부에서만 찾으려고 한다. 그런데 이런 외부적인 원인은 개인의 노력으로는 어쩔 수 없는 부분이다. 결과를 바꾸고 싶다면 원인을 내부에서 찾아야 한다. 내부 요인은 개인이 바꿀 수 있는 부분으로, 노력에 의해 가능하다. 게다가 실제로도 장사가 안되는 가장 큰 원인이 매장 내부에 있는 경우가 대부분이다. 그럼에도 '우리 매장이 청결이나 서비스 등에 문제가 있다', '매장에 계신 고객 한 분 한 분에게 정성을 다하지 못해서 장사가 안되는 거다'라고 선뜻 인정하는 사람은 없다.

우리가 어떠한 문제에 부딪혔을 때, 문제의 표면에만 집중하고 내부의 실제 문제를 고치지 않는다면 똑같은 어려움이 계속 반복될 수밖에 없다. 결국 어떤 위기나 문제가 발생하면 그 원인을 끊임없이 내부에서 찾으려고 노력해야 한다. 그래야 개선할 수 있는 여지가 있다.

○ 답은 본질 가까이에 있다

창업 초창기부터 나와 함께 했던 한 직원이 어느 날 갑자기 회사를 그만두겠다는 말을 해왔다. 힘든 여건에서도 자신의 일처럼 열심히 해왔던 직원인지라 나는 너무 놀랐다. 붙잡고 싶은 마음이 굴뚝같았지만 그래도 자신의 꿈을 위해 내린 결정이라면 존중해주고 싶어서 이후의 계획을 물었다.

"그만두고 뭘 할 거예요? 계획은 있어요?"

"발골(發骨) 일을 배워보려고 합니다. 전망이 좋다고 하더라고요."

나는 선뜻 이해가 되지 않았다. 내가 보기에는 지난 몇 년간 오가다에서 슈퍼바이저 업무를 하며 능력도 인정받고 있었고, 회사의 성장과 함께 본인도 성장하고 있었다. 그런데 느닷없이 소, 돼지 등의 육류에서 뼈를 바르는 발골하는 일을 배우고 싶다니 이해가 안 갔다. 더구나 애초에 그 방면에 관심이 있었던 것도 아니라고 했다.

"전 지쳤어요. 그냥 너무 힘듭니다. 앞으로는 아무 생각 없이 할 수 있는 일을 하고 싶어요."

"꿈을 위해 내린 선택이라면 존중하고 응원하겠어요. 그런데 내가 볼 때 그 일은 김 과장처럼 여리고 고운 성품을 가진 사람과는 잘 맞지 않아요."

나는 긴 시간을 두고 묻고 또 물었다. 업무상 뭔가 힘든 부분이 있다면 개선하고 도와주고 싶었다. 그만큼 그 직원을 붙잡고 싶었다. 하지만 그 직원은 끝내 자신의 뜻을 굽히지 않았다.

이후 며칠간 나는 그 직원에 대해 계속 고민했다. 슈퍼바이저 업무상 점주들과 이야기하고 협상하는 과정에서 스트레스가 큰 것인지, 우리 회사가 규모가 작다보니 안정적이지 않다고 생각해서 그러는 것인지, 월급이 적다고 생각하는 것인지, 대표인 내가 마음에 들지 않는 것인지, 그도 아니면 정말 발굴 분야가 앞으로 비전이 좋고 안정적인 것인지 직접 조사까지 해가며 답을 찾으려 노력했다. 그런데 도통 이렇다 할 답이 찾아지질 않았다.

"네? 야근과 출장이 그 이유라고요?"

결국 며칠 뒤에 나는 그 답을 알게 되었다. 평소 그와 가깝게 지내는 직원에게 물어보니, 야근과 출장이 너무 잦아서 참다못한 그의 아내가 회사를 그만두라고 했다는 것이었다. 이유가 무엇인지 궁금해 별의별 생각을 다 해봤는데, 막상 알고 보니 아주 단순했다.

슈퍼바이저는 업무의 특성상 야근과 출장이 잦을 수밖에 없다. 잦은 야근과 출장은 당사자는 물론 가족들에게도 힘든 일이다. 더구나 김 과장은 아직 신혼이었다. 경력을 살려 이직해봤자 야근과 출장 업무에서 벗어날 수 없으니 정시 퇴근을 할 수 있는 전혀 다른 직종으로 진로를 바꾸려고 했던 것이다.

당시 아직 미혼이었던 나는 신혼이었던 그 직원의 입장을 제대로 이해하지 못했었다. 게다가 겉으로 드러난 현상만 살피며 전혀 엉뚱한 짐작만 했었다. 그런데 그 직원의 시각으로 그의 내면을 깊이 살펴보니 그는 가정을 아주 소중하게 생각하는 사람이었다. 그래서 아내를 위해 슈퍼바이저로서의 오랜 경력마저 포기하려고 했던 것이다. 그때의 일을 통해 나는 문제에 대한 원인을 찾기 위해서는 내 입장이 아닌 상대방의 입장이 되어 철저히 그 내면을 들여다봐야 한다는 것을 깨달았다.

실제로 회사를 경영하고 매장을 운영하면서도 문제를 해결하기 위해서는 결국 외부가 아닌 내부로 시각을 돌려 본질을 바라봐야 한다는 사실을 깨달은 적이 많다.

몇 년 전 강남에 위치한 한 직영점의 매출이 계속 떨어진 적이 있었다. 그 원인을 지속적으로 살핀 결과 아주 디테일한 숫자가 기록된 보고서가 올라왔다. 한눈에 봐도 고개가 끄덕여질 만큼 합리적인 이유였다.

'매장이 위치한 건물에 직원 2,000명 규모의 중견기업이 있었는데, 이 회사가 이전을 했다. 게다가 몇 달 뒤에는 같은 건물에 입주해 있는 500명 규모의 기업이 사내 카페를 만들어 그 안에서 차와 음료를 해결하고 있다.'

보고서에는 그 사내 카페 사진까지 첨부돼 있었다. 또 '기존에는 반경 300m 안에 커피 전문점이 다섯 개 있었는데, 최근 저가의 주스 프랜차이즈 등이 입점해 매장이 여덟 개로 늘어나 경쟁이 치열해졌다. 그리고 최근 들어 갑작스러운 한파로 인해 유동인구 수가 많이 줄어들었다' 등 대표인 내가 보기에도 반박의 여지가 없을 만큼 상세한 보고서였다. 결국 연이은 매출 하락에 대해 잔소리를 하기보다 오히려 그런 어려운 상황에서도 이익을 내고 있는 데 대해 칭찬하고 격려해줬다.

그렇게 반년 정도의 시간이 흐른 뒤 '청년 창업 프로젝트' 1기로 선발된 청년 점주가 그 매장을 맡아서 운영하게 되었다. 그런데 놀랍게도 그 청년 점주는 그간의 매출 하락에 대해 기존과는 전혀 다른 분석을 내놨다. 외부가 아닌 내부로 시선을 돌려 문제점을 찾은 것이다.

'매장의 청결 상태가 아주 엉망입니다. 창고와 주방 내부, 그리고 매장 곳곳의 모든 수납장을 열어 다 들어내고 청소를 해야 합니다.'

청년 점주는 눈에 보이는 곳과 보이지 않는 곳의 청결 상태나 정리정돈 수준이 확연히 차이가 난다고 했다. 게다가 직원 관리도 제대로 이뤄지지 않아 서비스 매뉴얼이 잘 지켜지지 않는 것은 물론, 개점 시간과 마감 시간까지 제멋대로라고 했다.

이처럼 내부에 시선을 두고 그 원인을 파악하니 개선해야 할 것들이 넘쳐났다. 나는 기존의 점장과 직원들에게 실망감이 컸고 그 원인도 분석해야 했지만 그럼에도 개선점을 찾은 것이 기쁘고 반가웠다. 원인을 찾았으면 그 다음은 개선할 일만 남은 것이기 때문이다.

해당 매장의 청년 점주는 즉시 청결 상태를 개선하고 매장을 정돈하는 한편, 매뉴얼 중심의 서비스를 제공했다. 그리고 교육받은 대로 고객 한 분 한 분의 생김새와 프로필을 기억하고 한국 전통차를 매개로 진심을 다한 서비스를 구현했다.

"안녕하세요, 오가다입니다. 시음행사 중입니다. 맛있고 건강한 한국 전통차 한번 맛보고 가세요."

시음행사를 할 때도 매장 가까운 곳으로 범위를 좁혔고, 특히 매장에서 나오는 고객과 매장에 들어가는 고객에게는 꼭 음료 쿠폰을 챙겨주며 시음을 부탁했다.

그렇게 방문 고객들을 더 챙기고, 서비스의 기본을 바로잡고, 눈에 보이지 않는 곳의 청결까지 신경 쓴 덕분에 청년 점주가 매장을 맡은 첫 달의 매출은 전년 대비 20~30%나 성장했다. 그리고 몇 달 뒤에는 70%가량 매출이 상승했다. 대단하고 거창한 분석이 아닌 그저 나부터, 우리 매장 안부터, 그리고 보이지 않는 더 깊숙한 곳부터 점검했던 것이 그렇게 놀라운 결과를 가져온 것이다.

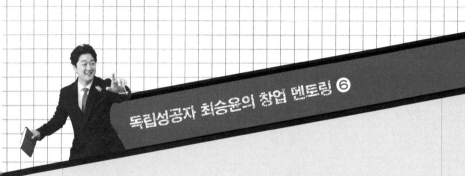
신규 고객 창출보다 재구매율 증대에 집중하라

경기침체가 장기화되고 있다. 경제성장률은 지속적으로 둔화되고 있고 정치적 불

안감과 계층 간, 지역 간, 세대 간의 사회 갈등도 심화되고 있다. 또 그에 따른 청년

실업 문제, 가계부채 증가, 출산율 저하, 미국발 금리 인상 등 우리 내수경제에 어두

운 먹구름이 내려앉았음을 보여주는 지표가 한두 가지가 아니다.

이런 위험천만한 상황에서 가장 위태로운 이는 누구일까? 짐작컨대 가진 것을 모

두 털어 넣고 온몸으로 맞서 나가는 자영업자가 아닐까 싶다. 우리나라 총생산인구

중 자영업자(비임금 근로자)의 비율은 26.8%(2015년, 한국경제원)에 이른다. 이는

OECD 34개국 중 그리스, 터키, 멕시코에 이어 4위에 해당되는 높은 수치이니 그저

소수의 아픔으로 치부하며 가볍게 넘길 일이 아니다.

사실 우리나라의 여러 상황을 고려할 때, 내수경기침체로 인해 자영업자가 직격탄

을 맞게 될 것은 이미 예상된 일이었다. 국세청 자료에 따르면 2004~2013년 개인

사업자의 창업은 949만 건을 기록했고, 그중 793만 건이 폐업해 단순 계산한 생존

율은 16.4%에 불과한 것으로 나타났다. '자영업자 위기의 시대'라는 신문 헤드라인이 근거 없이 나온 말이 아닌 것이다. 창업에 있어 갈수록 신중에 신중을 기해야 하는 이유도 여기에 있다.

시장의 심각성을 미처 인지하지 못한 채 그저 넘치는 열정만으로 창업을 한 자영업자들은 어떠한 자구책을 찾을 수 있을까? 열정이 넘쳤던 만큼 분명한 방법은 있다. 바로 '재구매율'에 집중하는 것이다. 일반적으로 매출을 증진하는 활동은 크게 두 가지로 나눌 수 있다. 바로 '신규 고객 창출'과 '재구매율 증대'이다. 예를 들어, 새로 오픈한 고깃집이 전단지를 매장 밖 행인들에게 배포하며 홍보하는 것은 '신규 고객 창출'에 해당하고, 이미 식사를 하고 나가는 고객에게 무료로 식혜를 한 잔씩 대접하는 것은 '재구매율 증대'에 해당한다.

이 중에서 더 중요한 것은 바로 '재구매율 증대'이다. 왜냐하면 제아무리 신규 고객을 유입시키는 프로모션에 성공해서 당장의 매출이 높아졌다 해도 방문한 고객들의 만족도가 낮아 재구매가 이뤄지지 않는다면 장기적인 관점에서 매출은 보장받을 수 없기 때문이다. 제품이나 서비스에 만족하지 못한 고객들이 너나없이 이탈하니 마치 바람 빠진 풍선처럼 쪼그라들 일만 남은 것이다.

그럼에도 현실에서는 업종을 불문하고 재구매율보다는 신규 고객 유입에 더 큰 관심을 갖게 된다. 더군다나 매출에 적신호가 켜지면 신규 고객 유입에 대한 조급증은 더 심해질 수밖에 없다. 옛말에도 '잡은 물고기에게는 떡밥을 주지 않는다'고 했으니, 매장 안의 고객보다 매장 밖의 유동고객에게 눈길이 더 가는 것이 인지상정일 것이다.

장사가 안되는 매장일수록 이러한 패러다임에서 과감하게 벗어날 필요가 있다. 전월 대비 혹은 전년 동기 대비 매출이 떨어진다면 그 이유는 신규 고객 방문율이 낮아서가 아니라 방문한 고객들의 재방문율이 낮아졌기 때문이라는 것을 알아야 한다. 즉, 매장 운영상 어떤 문제가 발생했다는 것을 인정하고 반드시 그 문제를 개선해야 한다.

매출 하락의 원인을 외부에서 찾는 것은 의미가 없다. 설령 원인이 외부에 있다 한들 우리가 할 수 있는 일은 없다. 원인은 내가 개선할 수 있는 것, 즉 내부로부터 찾아야 한다. 그래야만 더 노력할 수 있고 발전할 수 있다. 그러니 모든 것은 매장 운영상 재구매율을 떨어뜨리는 요소가 무엇인지에 대해 냉정하게 관찰하고 분석하는 데서 출발해야 한다.

그 요소는 바로 Q(품질), S(서비스), C(위생)이다. 상품이 수급되고 제조되거나 진열되는 과정을 하나하나 쪼개고 분해해서 면밀히 들여다보아야 한다. 또 고객응대 서비스와 제공 방법은 적절한지, 인사는 절차대로 이뤄지고 있는지도 살펴야 한다. 더불어 매장 청결상태와 위생관리는 규정대로 이행되고 있는지에 대해서도 자체평가를 해봐야 한다. 이런 점검들을 통해 어느 부분 때문에 고객만족도가 떨어졌는지를 분명하게 알아낼 수 있다.

한편, 재구매율을 높이기 위한 또 다른 방법으로 고객을 기억할 것을 제안한다. 거울효과라는 것이 있다. 상대방에게서 원하는 행동을 이끌어내려면 내가 먼저 상대방에게 그 행동을 해줘야 한다. 예컨대 상대방에게 먼저 미소를 지으면 상대방도 나에게 미소 지을 확률이 높아진다. 따라서 고객이 재방문하도록 하기 위해서는 최소한 우리 매장을 기억하게 해야 하는데, 고객이 우리 매장을 기억하게 만드는 가장 좋은 방법은 우리가 먼저 고객을 기억하는 것이다. 거창하게 CRM(Customer Relationship Management) 시스템을 도입할 필요도 없다. 그저 간단하게 고객노트 한 권으로 출발해 보자. 고객이 최초로 방문하면 이름(명함 이벤트를 통해 수집할 것을 권한다), 방문 일시, 특징, 구매 패턴 등의 정보를 기록하고 기억하는 것이다. 그리고 두 번 이상 방문 시에 '고객님, 또 와주셔서 감사드립니다' 하고 인사를 함으로써 우리가 그를 기억하고 있음을 알린다면 재방문율은 확연히 높아질 수밖에 없다.

세계 최대 온라인 쇼핑몰 아마존의 창업자인 제프 베조스는 "창업 후 우리가 이뤄낸 것은 매출과 수익이 아니라 고객의 평판과 경험이다"라고 말했다. 특히 소규모 점포 자영업자의 경우 매장을 방문한 고객의 경험관리를 직접 할 수 있기에 매출 증대 효과는 생각보다 빨리 나타날 수 있다.

재구매율 증가를 통해 매출과 이익을 높여 개인적인 꿈을 이루는 것은 물론 사회적 가치를 실현하는 자영업자분들이 많아지길 기원한다.

스스로의 부족함을 인정하고 채우라

결점 없는 완벽한 사람이 없듯이 처음부터 잘하는 사람도 없고, 모든 것을 다 잘하는 사람도 없다. 나 역시 처음 전통차 테이크아웃 사업을 구상하고 사업을 꾸려나갈 때 모르는 게 많아서 막막했던 적이 자주 있었다. 이런 부족함은 자연스럽게 채움에 대한 욕구를 갖게 했다.

그때나 지금이나 나는 부족함을 채우기 위해 많은 책을 읽고 수시로 현장을 살핀다. 또 사람들과 자유롭게 대화를 하면서 아이디어를 나눈다. 그리고 일상의 사소한 대화 속에서도 나와 다른 생각, 다른 시각을 만나면 배우고 채우려고 애쓴다.

"대표님은 초심을 잃지 않고 계십니까?"

언젠가 직원들과 함께 지방에 있는 매장들을 돌 때, 한 직원이 내게 물었다.

"음, 글쎄요. 생각을 좀 해봐야겠네요."

"푸하하! 송 대리는 대표님 무안하시게 무슨 그런 질문을 해요?"

자정이 가까워질 때까지 저녁도 못 먹고 일하느라 피곤하기도 했지만 느닷없는 질문에 당황스러웠던 나는 별다른 대답을 하지 못했다. 그러자 함께 있던 직원이 그 상황이 우스웠던지 갑자기 웃음을 터뜨렸다.

"앗! 죄송합니다."

"아니에요. 선뜻 대답을 못한 내가 부끄럽죠. 그나저나 송 대리는 내 초심이 뭔 거 같아요?"

"대표님의 초심은 스타벅스를 능가하는 것 아닙니까?"

순간, 나는 1호점을 오픈할 때부터 마음에 새겼던 스타벅스를 능가하겠다던 다짐이 떠올랐고, 힘들고 바쁘다는 이유로 초심을 놓치고 있었던 것은 아닌지 반성했다.

"그런데 송 대리는 초심이 뭐였어요?"

"언젠가 대표님 기사를 보니 대표님께서 스타벅스를 능가하겠다고 하셨더라고요. 전 솔직히 그 기사를 보고 대표님과 함께 일하고 싶어서 오가다에 들어왔습니다."

송 대리는 슈퍼바이저 업무를 맡고 있었는데, 업무 특성상 외부 출장도 많고 야근도 잦아 몸도 마음도 힘들다고 했다. 그러니 자연스레 초심도 흔들리고 있는데, 그럼에도 그는 내가 당연히 스타벅스를 능가해줄 것이라 믿고 있다고 했다.

"요즘 제가 좀 힘들어서 그냥 대표님께 여쭤본 겁니다. 너무 마음 쓰지 마세요."

"그래요. 우리 스타벅스를 능가할 수 있도록 다시 한 번 힘을 내봅시다."

나는 평소 직원들과 편안하게 이야기 나누는 과정에서 많은 깨달음을 얻곤 한다. 특히 내가 미처 생각하지 못했던 부분, 놓치고 가는 부분들에 대해 직원들이 일깨워줄 때가 많다. 늘 책을 가까이 하고 현장을 돌며 부족한 부분을 채우려 하지만, 그럼에도 놓치는 것들이 있기 마련이다. 다행히 그것을 채워주는 사람들이 곁에 있어서 얼마나 감사한지 모른다.

"대표님, 이 부분은 어떻게 할까요?"

"팀장님은 어떻게 했으면 좋겠어요?"

나는 업무와 관련한 그 어떤 사소한 것도 답을 먼저 내놓지 않는다. 내 생각과 의견은 잠시 미뤄두고 직원들의 이야기를 먼저 들어보려고 한다. 상대에게 질문하고 그의 답을 들음으로써 내 생각을 채워가고 정리해 간다. 이때 상대가 내 생각과 같다면 그대로 진행하게 하고, 만약 내 생각과 다르다면 계속 질문을 이어가며 차이가 나는 부분들을 맞추고 채워간다.

○ 아는 자가 아닌 배우는 자가 되라

나도 인간이다 보니 감정에 치우칠 때가 있고, 아집에 빠지기도 한다. 이럴 때 내게 '스톱'을 외쳐주며, 또 다른 시각을 선물해주는 이 역시 사람이다.

부족함을 알고 채우려 노력한다면 일상에서 만나는 사람 하나하나가 모두 스승이 될 수 있다. 사람은 각양각색의 외모만큼이나 다양한 생각을 가지고 있다. 그것은 나와 비슷할 수도, 전혀 다를 수도 있다. 이런 크고 작은 생각의 차이를 접하는 것은 참으로 흥미롭고 신선하다. 그리고 때때로 그 과정에서 아주 큰 깨달음을 얻기도 한다.

"테이블 모서리에 보호대를 하면 안 될까요? 애들한테 좀 위험해 보여서요."

모 백화점에 입점해 있는 오가다 매장에서 한 고객이 아르바이트 직원에게 테이블 모서리 보호대를 하는 게 어떻겠느냐고 제안을 했다. 의욕이 넘쳤던 직원은 본인이 직접 실리콘을 녹여 모서리 보호대를 만들어 붙였다. 그런데 그것이 채 굳기도 전에 다른 고객이 그 테이블에 팔을 대고 있다가 외투에 실리콘이 묻어버렸다.

"앗! 이게 뭐야!"

"정말 죄송합니다."

"죄송하다면 다야! 이게 얼마짜리 옷인지 알아?"

직원은 거듭 사과를 하며 옷을 세탁해 드리겠다고 했다. 그런데 고객은 옷 세탁이 아닌 새 옷으로 변상할 것을 요구했다. 알고 보니 옷 가격이 무려 200만 원에 달했다.

"정말 죄송합니다. 어떻게든 실리콘이 지워질 수 있도록 깨끗이 세탁해 드리겠습니다."

"이 아가씨가 왜 자꾸 같은 말을 하게 해? 세탁이 아니라 새 옷으로 배상해 달라니까!"

계속 같은 말이 반복되자 화가 난 고객이 아르바이트 직원에게 욕설을 비롯해 온갖 모욕적인 표현을 서슴지 않았다. 이런 상황을 보고받은 나는 너무 화가 났다. 직원이 실수를 한 것은 분명하지만 그 과정에서 인간적인 모멸감까지 주며 배상을 요구할 일은 아니었다. 나는 고객이 원하는 방식대로 배상을 해드리되 직원에게 욕설과 인격적인 모욕을 한 것에 대해서는 반드시 사과를 받아야 한다는 생각이 들었다.

"고객님이 원하는 대로 옷을 새로 사서 배상해주세요. 대신 우리 직원에게 욕설을 하고 모욕을 한 것에 대한 반성문을 꼭 받으세요."

"네? 반성문을요? 대표님, 그러면 상황이 더 심각해질지도 모릅니다.”

“상관없습니다. 그러니 반드시 반성문을 받으셔야 합니다.”

나는 화를 다스리지 못하고 고객에게 반성문을 받겠다는 강한 의지를 내보였다. 그때였다. CS(Customer Satisfaction)를 담당하는 직영점 팀장이 내 생각에 제동을 걸었다. 그는 고객에게 당장 반성문을 요구하면 진심어린 사과도 받지 못하게 될뿐더러 고객의 화만 더 부추길 뿐이라서 회사 입장에선 득보다 실이 더 많을 것이라고 했다.

“뭐가 득이고 뭐가 실이죠?”

“득으로는 일단 우리 모두가 속이 시원해지겠죠. 그리고 직원이 대표님이 무조건 고객편이 되어 직원을 혼내는 게 아니라 정당하게 응대했는데도 불구하고 지나치게 욕을 먹는 것에 대해 좌시하지 않는 분이라는 걸 알게 되겠죠.”

그는 직원에게 인간적인 모욕감을 준 고객에게 내가 반성문을 요구하는 것 자체만으로도 직원들에게 내 마음이 충분히 전해졌다며, 득은 이미 취한 것이나 마찬가지라고 했다.

“그럼 실은 뭐죠?”

“대표님 생각에 그분이 반성문을 쓸 것 같으세요? 욕을 한 것이야 잘못이지만 그분 입장에선 200만 원 상당의 옷에 실리콘이 묻었으니 충분히 화날 만한 일입니다. 반성문을 쓰라고 하면 더 화가 나서 어떻게든 우리 회사에 피해를 줄 수 있습니다.”

그는 가장 큰 손실은 따로 있다고 했다. 회사 대표인 내가 이번 일에 대해서 이처럼 오랫동안 신경을 쓰면 다른 중요한 업무들에 소홀해질 수 있다며, 그게 제일 큰 손실이라고 했다. 듣고 보니 모두 맞는 말이었다.

"저희 팀에서 어떻게든 해결해볼 테니 대표님은 이쯤에서 빠지시고 회사 업무에 더 집중해주십시오."

이후 직영점 팀장과 직원들이 고객을 찾아가 거듭 사과하며 인간적인 호소와 함께 합리적인 제안을 했다. 우선 세탁을 해보고 완벽하지 않다고 판단되면 새 옷 가격으로 배상하겠다는 제안을 한 것이다. 우여곡절 끝에 결국 고객은 옷을 내주었고, 명품 전문 세탁을 거쳐 실리콘을 완벽하게 제거했다.

무엇이 더 옳은 처사였는지는 알 수 없다. 하지만 직영점 팀장이 내 생각에 제동을 걸어준 것은 분명 감사한 일이었다. 어쩌면 그 직원의 말처럼 내 뜻대로만 밀어붙였다면 일이 더 커졌을지도 모를 일이었다.

이처럼 한 가지 생각에 매몰돼 불도저처럼 나아가는 나를 멈춰 세우고 다른 방향으로 시선을 돌리게 하는 이 역시 함께 일하는 사람들이다. 나와 다른 생각으로 나의 부족한 부분을 채우고 완성해가게 도와주는 것은, 혼자가 아닌 여러 사람과 함께 조직을 꾸려나갈 때 얻을 수 있는 가장 큰 장점이다.

인도 출신의 철학자이자 작가인 오쇼 라즈니쉬는 "삶은 새로운 것을 받아들일 때만 발전한다. 삶은 신선해야 하고 결코 아는 자가 되지 말고 언제까지나 배우는 자가 돼라. 마음의 문을 닫지 말고 항상 열어두도록 하라"라고 했다.

스스로를 '아는 자'라고 자만하여 마음의 문을 닫고 배움을 멈춘다면, 그 순간 삶은 발전을 멈춘다. '내가 옳다', '내가 낫다', 심지어 '내가 최고다'라고 생각하는 사람은 결코 성장할 수 없다. 성장은 스스로의 부족함을 인정하고 채우려는 노력을 통해 얻어지는 아름다운 결실이다. 그것이 사람이든 책이든 경험 혹은 여행, 심지어 실수나 실패를 통해서도 우리는 얼마든지 배우고 채울 수 있다. 내 안에 있지 않은 것, 다른 세계를 만나기를 즐기며 그것을 받아들일 눈과 마음만 열어둔다면 우리는 늘 멈추지 않고 성장할 수 있다.

고민, 30분 이상 하지 말라

"제가 창업을 하면 잘해낼 수 있을까요?"

"창업을 할지, 취업을 할지 여전히 고민입니다."

청년 창업을 주제로 강연을 하다 보니 내게 이런 고민을 토로하며 조언을 구하는 청년들이 종종 있다. 그럴 때마다 내가 해주는 대답은 "고민은 짧게, 결단은 빠르게 하라"이다.

흔히들 고민을 길게 하는 것을 생각이 깊고 신중한 행동이라고 착각하곤 한다. 하지만 답이 없는 질문들을 늘어놓으며 마음을 더어지럽히다 보면, 결국 '장고 끝에 악수 둔다'는 말처럼 바람직하지 않은 답을 얻을 위험이 커진다.

고민의 시간을 줄이고 빠른 결단을 내리기 위해서는 나만의 철학이 분명하게 정립되어 있어야 한다. 그것을 판단의 기준으로 삼는다면 사실 고민의 시간은 그리 많이 필요하지 않다.

창업을 할 것인지, 취업을 할 것인지에 대한 고민도 마찬가지다. 그런 고민을 하기 이전에 최소한 '나는 무엇을 할 때 가장 행복한가?', '나는 무엇을 최고의 가치로 여기는가?', '내가 꿈꾸는 삶의 모습은 어떤 것인가?', '내가 돈을 벌고 싶어 하는 이유는 무엇인가?' 등에 대한 나름의 답을 가지고 있어야 한다. 그 답들이 모여 내 삶의 철학이 완성된다.

더러는 "나는 내 삶의 철학을 잘 모르겠어요" 혹은 "아직 나는 내 삶의 철학이 없는 것 같아요"라고 말하는 청년들이 있다. 그런데 이는 잘못된 생각이다. 사람은 누구나 다 자신만의 철학을 가지고 있다. 아직 그것에 대해 정리할 시간을 갖지 않았기 때문에 잘 모르겠고, 심지어 아예 없는 것처럼 느끼는 것뿐이다.

'창업을 할 것인지, 취업을 할 것인지', '창업을 하면 잘할 수 있을지' 등에 대한 답은 이미 자신 안에 있다. 그러니 무작정 고민의 시간을 길게 갖기보다는 자신의 중심, 즉 철학을 먼저 정립하고 그것에 따라 답을 찾아야 한다. 자신의 철학을 분명하게 알지 못한다면 창업을 한다고 해도 성공하기 힘들고, 취업을 한다고 해도 만족감이 낮을 가능성이 크다.

자신만의 철학이 정립된 사람은 고민의 시간도 그리 길지 않을 뿐더러 고민 이후에 내린 선택에 대해서도 최선을 다해 임한다. 즉 최선을 다해 그 선택이 최고가 되도록 만들어간다.

○ **고민이 깊을수록 두려움만 커진다**

내겐 죽마고우가 몇 있다. 그중 한 친구는 같은 중학교, 같은 고등학교를 다니며 진한 우정을 쌓았고, 지금도 아끼고 위하며 서로의 삶을 응원하고 있다.

중학교 3학년 때의 일이었다.

"난 학생회장 선거에 안 나갈래."

"아니 왜? 너 나가면 당선은 거의 확실한데."

"네가 학생회장이 되면 더 잘할 것 같아서."

똑똑한 데다 성격까지 좋아서 친구들 사이에서 인기가 높았던 친구는 학생회장 선거를 앞두고 갑자기 출마를 포기했다. 가장 당선이 유력한 후보가 출마를 포기함으로써 나는 자연스럽게 학생회장이 됐다.

"고맙다. 다 네 덕분이야."

"뭐가 내 덕분이야. 네가 능력이 되니 학생회장이 된 거지."

"그렇게 말해주니 더 고맙네. 우리 고등학교에 가서는 둘 다 학생회장을 하자."

지원이 아닌 추첨으로 상급학교가 결정됐기에 당연히 둘은 다른 고등학교에 진학할 거라고 생각했다. 그래서 우리는 고등학교에 진학하면 각자의 학교에서 꼭 학생회장이 되자고 약속했다. 그런데 공교롭게도 우리는 같은 고등학교에 진학하게 되었다.

친한 친구와 같은 학교에 다니게 돼 더없이 기뻤지만 둘의 약속을 생각하면 난감하기도 했다. 고등학교 2학년이 되자 둘 다 학생회에 들어가게 됐는데, 그 친구는 부회장, 나는 총무를 맡게 됐다. 그리고 마침내 3학년이 되었을 때 우리는 나란히 학생회장 선거에 출마했고, 나는 다시 깊은 고민에 빠졌다.

우리 학교는 관례상 회장과 부회장이 함께 팀을 이루어 선거에 나가야 했다. 친구와 나는 자연스레 한 팀을 꾸렸는데, 누가 회장으로 나가고 누가 부회장으로 나갈 것인지를 미리 정하지 않았던 터라 서로 눈치만 보고 있었다.

사실 나는 학생회장이 너무 하고 싶었다. 그 친구라고 마음이 다를 리 없었다. 하지만 둘 다 학생회장이 될 수는 없었다. 친구가 중학교 때 내게 학생회장을 양보했으니 이번에는 내가 양보를 해야 하는 게 아닌지 고민이 됐다. 의리를 생각한다면 그래야 될 것 같은데, 나는 그러고 싶지 않았다.

고등학교 생활에서 딱 한 번뿐인 기회인 데다 학생회장이 돼서 해보고 싶은 일도 많았다. 그리고 친구만큼이나 나도 잘할 수 있을 것 같았다. 게다가 내가 성격이 조금 더 강한 편이라 학생회장으로는 더 잘 맞을 것 같기도 했다.

깊은 고민으로 며칠을 끙끙대던 나는 문득 '이건 아니다'라는 생각이 들었다. 답도 없는 고민을 이어가느니 차라리 내 마음을 솔직히 털어놓는 게 나을 것 같았다. 친구가 어떤 대답을 하든 그것은 그때 가서 다시 고민하고 답을 찾으면 되니 말이다. 제자리에 멈춰 서서 발만 동동 구르기보다는 우선 한 발 내딛고, 문제가 생기면 그건 그때 가서 고민하자는 생각이 들었다.

"네가 나보다 똑똑하고 나보다 공부도 잘하고 인기도 많은 건 알아. 그런데 원래 2인자가 책략가 역할을 하니 더 똑똑해야 되고 1인자는 그냥 이미지만 잘 만들면 되는 거 아니겠냐. 네가 부회장을 해. 내가 회장으로 나갈게."

과감히 내 속마음을 내뱉기는 했는데, 마음이 마냥 편치만은 않았다. 친구 입장에선 또 한 번 양보를 해야 하는 것이니 서운할 수도 있는 일이었다. 어쩌면 소중한 친구를 잃을지도 모를 위험한 순간이었다.

"그래? 그럼 네가 회장 해. 내가 부회장 할게."

감사하게도 친구는 아무렇지 않게 내게 또 다시 양보를 해줬다. 나는 그제야 안도의 한숨을 내쉬었다. 끙끙 앓으며 답도 없는 고민을 이어가기보다 과감히 내 마음을 얘기하기를 잘했다는 생각이 들었다.

내가 더 깊고 오래 고민했다고 해도 별다른 해결책이 나오진 않았을 것이다. 선뜻 결정을 내기 어려운 일은 그만큼 장단점들이 얽혀 있기 마련이다. 그것은 앞으로 다른 정보를 얻고 생각을 발전시켜 나가더라도 팽팽하게 대립될 가능성이 높다. 따라서 차라리 빨리 결정하고 그 결정에 맞는 대처 방안을 새롭게 강구하는 것이 낫다. 조금 가다 멈추고 다시 가다 멈추고 하겠지만 아예 발걸음을 떼지 않는 것보단 훨씬 발전적이다.

O **정해진 시간 안에 결론을 찾으라**

개인적인 고민은 물론 조직의 고민도 길게 해서 좋을 게 없다. 중요한 결정이나 문제해결을 위해 회의를 길게 한다고 해서 반드시 좋은 답을 얻는 것은 아니다. 그래서 선택이나 문제해결 등을 위해 고민이 필요한 순간이 오면 미리 시간을 정해두고 고민하는 것도 도움이 된다.

"벌써 두 시간째입니다. 매번 이렇다 할 결론도 내리지 못한 채 이렇게 시간만 축내다니…"

회의가 길어지자 여기저기서 불만의 소리가 터져 나왔다. 나 역시 지치다 못해 짜증이 날 지경이었다. 오가다는 대부분의 조직을 아웃소싱 없이 자체적으로 꾸려가다 보니 각 조직이 이해관계에 얽혀 있을 수밖에 없다. 나는 원활한 소통을 통해 서로의 입장을 이해해보자며 일주일에 한 번 열리는 정기회의에는 반드시 회사 내의 모든 팀을 참석시켰다.

회의는 주로 팀장급이 주도했고, 그 외의 참석자들은 입을 꾹 다문 채 긴장감만 고조시켰다. 오가다는 일곱 개 팀으로 이뤄져 있는데, 각 팀별로 이해관계가 상충되는 것들이 많다. 예를 들면, 유통팀에서는 회사의 유통마진을 올리는 것이 KPI(Key Performance Indicator: 목표달성을 위해 핵심적으로 관리해야 하는 요소들에 대한 성과지표)인데, 소비자단가를 인상하지 않는다는 전제하에 유통마진을 올리려면 결국 점주들의 마진율을 낮출 수밖에 없다.

"지금 무슨 말씀하세요! 점주님들의 마진율을 낮추면 곧장 가맹점들에서 불만이 터져 나올 텐데, 그걸 어떻게 감당하려고요."

점주들의 마진율을 낮추자는 말에 가맹점운영팀이 가만히 있을 리 없다. 자신들의 KPI인 목표매출 달성, 점주 만족도 향상, 폐점률 감소 등을 달성하지 못하게 되니 말이다. 또 점주 마진율이 떨어지면 점포개발팀 역시 신규 점포개발이라는 목표를 달성하기 어려워진다. 그러니 점주 마진율을 낮추자는 의견을 쉽게 수용할 리 없다.

"유통마진을 올리려면 점주 마진율을 떨어뜨릴 게 아니라 구매단가를 낮추세요."

"그건 불가능합니다. 원재료 값이 연이어 상승하고 있는데 어떻게 단가를 낮추란 말을 하세요!"

모두가 옳은 말을 하고 있는 데다 절충안을 찾기가 쉽지 않은 문제라 늘 정기회의는 두세 시간을 넘기기 일쑤다. 회의가 길어지는 만큼 좋은 결론을 찾는다면야 두 시간이 아니라 하루 종일 회의를 해도 괜찮다. 하지만 회의 시간이 길어진다고 반드시 좋은 결론을 내리는 것도 아닐뿐더러 의욕만 떨어뜨린다는 판단에 나는 과감히 회의 시간을 30분으로 단축시켰다.

"오늘부터 우리 회사의 모든 회의는 30분 안에 마칩니다. 30분이라는 시간을 정해두고 그 안에 최선의 답을 찾도록 합시다. 아무리 중대한 사안이라도 회의 시간은 30분을 넘기지 못합니다."

그리고 내친김에 직원들의 전체회의를 팀장급 회의로 축소했다. 대신, 필요할 때는 언제라도 직원들끼리의 회의를 자유롭게 열 수 있도록 했다.

다행히도 효과가 있는 듯했다. 회의 시간이 30분으로 제한되니 모두가 자신들이 할 말을 명확하게 정리해왔고, 최대한 주어진 시간 안에 결론까지 찾으려고 애썼다. 그리고 이후로는 그 결론을 실현시키는 데 집중했다.

어차피 조직 구성원 모두를 만족시킬 수 있는 완벽한 답은 없다. 최선의 답이 있을 뿐이다. 모두가 같은 목표와 가치를 품고 한곳을 바라보며 가고 있지만 그 안에서 이해관계의 충돌을 피할 수는 없다. 오히려 회의와 고민이 길어질수록 대립의 골이 더 깊어질 위험이 커진다. 게다가 모두가 만족할 만한 답을 찾을 때까지 무작정 회의를 하고 고민을 하다 보면 의사결정을 내려야 할 적절한 타

이밍을 놓칠 위험도 크다. 그러니 고민을 길게 하기보다는 빨리 결정을 내리고, 그것을 옳은 결정으로 만들기 위해 힘을 모으는 게 더 효율적이다.

물론 회의 시간을 미리 정해둔다고 해서 반드시 시간 안에 결론을 찾을 수 있는 것은 아니다. 이럴 경우 리더의 과감한 결단이 필요하다. 팽팽한 의견 대립 등으로 결론을 찾지 못하는 경우, 리더는 모두의 입장을 고려하면서도 회사의 이익을 우선으로 한 최선의 선택을 해야 한다. 그리고 이러한 리더의 최종 결정을 구성원 모두가 수긍하고 따르게 하려면 리더는 누구보다 많이 알아야 하고 똑똑해야 한다. 똑똑하지 않으면 최소한 똑똑해지려는 노력을 해야 한다.

최선의 답을 찾기 위해서는 정보가 많아야 하는데, 이를 위해서는 평소에 직원들과 소통을 많이 해야 한다. 그리고 논리를 더욱 강화하기 위해서는 현장에도 자주 나가야 한다. 현장을 제대로 알아야 돌아가는 큰 판을 읽을 수 있고, 디테일한 부분도 채울 수 있다. 또한 평소 폭넓은 독서로 지식과 지혜도 쌓아두어야 한다. 권력에 기댄 독단적인 결정이 아닌 강력한 논리와 세심한 이해를 바탕으로 이끈다면 구성원들은 기꺼이 리더의 결정에 따를 것이다.

어떤 리더가 되고 싶은가?

　학창시절에 학생회장을 하고, 장교로 군 복무를 하다 보니 나는 자연스레 리더의 역할을 할 때가 많았다. 그런데 되돌아보면 자리에 대한 욕심이나 그 역할을 잘해내고 싶은 바람은 있었지만 어떤 리더가 되겠다는 생각은 제대로 정립하지 못했던 것 같다.

　오가다를 경영하면서 나는 단순히 대표라는 자리가 아닌 리더의 자질, 그리고 나만의 리더십에 대해 진지하게 고민하게 됐다. 그 결과 얻은 나름의 답은 '리더란, 구성원의 마음을 하나로 모아 방향을 결정하는 사람'이라는 것이다.

구성원의 마음을 열고 그것을 하나로 모으기 위해서는 평소에 신뢰를 잘 구축해두어야 한다. 또 리더가 결정한 방향을 구성원이 잘 따르게 하기 위해서는 평소에 끊임없이 배우고 훈련함으로써 자리에 맞는 역량을 갖춰두어야 한다. 신뢰하지 않고 나보다 역량도 부족한 리더의 말을 따를 사람은 월급만 주면 무조건 고개를 끄덕이는 '예스맨'밖에 없다.

한편, 나는 리더가 갖춰야 할 가장 중요한 자질로 '책임감'을 꼽는다. 언젠가 한 라디오 프로그램에 출연했을 때 "청년 창업을 꿈꾸는 사람들이 많은데, 어떤 사람들이 창업을 해야 하나요?"라는 질문을 받은 적이 있다. 나는 그 질문에 "모든 것이 다 내 책임이라고 생각하는 사람만이 창업과 맞다"고 대답했다. 러시아 속담에 "성공은 아버지가 많지만 실패는 고아다"라는 말이 있다. 모두가 다 자신 덕분이라고 하는 성공과 달리 실패는 너도나도 내 탓이 아니라고만 하니 고아나 다름없다는 것이다.

"비가 오는 것도 대표 책임이다."

회사의 내 자리 뒤쪽 벽에 적혀 있는 글귀이다. 기업의 대표에게 요구되는 책임은 '내 탓이오!' 하는 자기성찰과는 다소 차이가 있다. 대표인 자신이 내린 결정은 물론 직원이 내린 결정, 그리고 그 외의 모든 책임이 다 자신에게 있다고 여기는 사람만이 진정한 리더가 될 수 있다. 그래야만 모두가 편하고 모두가 함께 발전할 수 있다.

실제로 요리조리 남 탓을 하며 피하려고 해봐도 결국 책임은 리더가 질 수밖에 없다. 그러니 아예 모든 것이 내 책임이라는 마음으로 임하면 훨씬 더 나은 리더가 될 수 있다.

우선은 모든 것이 다 내 책임이라고 생각해야만 구성원들을 이끌 수 있다. 실제로 내 책임인데 내 책임이 아니라고 하면, 사람들은 그를 비겁하다고 여기며 따르지 않는다. 반면 비가 오는 것조차 내 책임이라고 말하는 리더라면, 구성원들은 리더의 책임을 조금이라도 덜어주고자 함께 노력하게 된다.

그리고 모든 것이 내 책임이라고 생각해야만 자기 성장이 이뤄질 수 있다. 책임을 져야 할 상황을 만들지 않기 위해 더 노력하게 되고, 그렇게 노력하는 과정에서 사업가로서 더욱 성장하게 된다.

어떤 문제에 대해 솔루션을 제시하는 건 결국 리더의 몫이다. 이런 솔루션은 현재의 상황에 대한 통렬한 반성이 있어야만 가능하다. 이리저리 외부적인 요인만을 탓하며 책임을 피한다면 개선점도 찾지 못하게 된다. 내가 통제할 수 없는 것들로 인해 사업이 안되는 것인데 어떻게 개선점을 찾겠는가. 결국 비가 오는 것도 내 탓이라고 할 수 있는 사람만이 개선점도 찾을 수 있고, 모두를 함께 성장시키며 행복하게 사업을 해나갈 수 있다.

○ **때로는
우리 자신을 위해
춤추라**

2009년 12월 27일, 오가다 3호점을 개점했다. 그런데 개점 하루 뒤, 예상치도 못한 폭설이 내리는 바람에 '오픈발'은커녕 다시 매출 0원의 위기에 처하게 됐다. 매장 앞은 그야말로 눈바다가 되었고, 거리에선 사람 그림자를 찾아보기 힘들 정도였다. 게다가 며칠이 지나도 눈은 멈출 기미가 보이지 않았다.

"도대체 언제까지 똥을 싸댈 거야!"

눈은 더 이상 낭만이 아니었다. 하늘이 싸대는 똥이라고 여겨질 정도로 징글징글하고 끔찍한 재앙이었다. 거리에 오가는 사람이 없으니 매출은 거의 바닥을 기었고, 그에 비해 매일매일 고정비용이 발생하고 있었으니 내 속이 오죽했겠는가. 하루 종일 매장에서 발만 동동 구르다 밤에 집에 가면 잠은커녕 가만히 앉아 있지도 못할 정도로 초조했다. 자고 일어나면 수십 만 원씩 빚이 늘어나니 밥조차 제대로 넘길 수가 없었다.

당시 수익이 나는 곳은 직영 매장 세 군데가 전부였는데, 모든 매장이 눈 때문에 거의 매출이 발생하질 않았다. 반면에 매달 고정적으로 나가는 지출, 즉 각 매장의 임대료와 각종 공과금, 사무실과 공장의 임대료, 관리비, 직원들 인건비 등이 하루하루 쌓여가고 있었다.

"좋은 하루! 힘나는 하루!"

그런 와중에도 나는 매일 아침 7시면 매장에 나왔다. 그리고 8시가 되면 출근하는 직원들을 반가운 인사로 맞이했다. 그들은 눈 쌓인 길이었지만 하루도 빠짐없이 시간에 맞춰 출근해주었고, 어쩌다 배달 주문이 들어오면 험한 눈길이라도 기쁜 마음으로 내달려주었다. 그러니 직원들이 어찌 반갑고 고맙지 않았겠는가.

그러던 어느 날, 나는 3만 원씩을 봉투에 담아 매장 세 곳을 돌며 직원들에게 건네주었다. 힘내라는 격려와 응원, 그리고 감사의 마음을 담은 보너스였다. 큰 금액은 아니지만 나로서는 빚까지 내서 준 것인 만큼 그것은 돈이 아니라 사랑이었다.

"자, 다들 힘내자. 얼마 안되지만 이 돈으로 맛있는 거 사먹고 기운내야 해."

"아닙니다. 가뜩이나 장사도 안돼서 힘드신데…."

"걱정 마. 너희들한테 보너스 좀 준다고 해서 우리 오가다가 망할 것 같아? 그러니 다들 기운 내자. 이 눈도 결국엔 그칠 거라는 걸 잘 알잖아."

"정말 감사합니다."

그렇게 각 매장을 돌고나서 다시 3호점으로 돌아오는 길이었다. 2호점의 직원들이 하얀 눈사람 꼴이 돼서는 매장 앞의 눈을 쓸고 있었다.

"아니, 눈은 왜 쓸고 있어? 쓸어도 금방 또 쌓일 텐데."

"춤을 출 겁니다. 멍하니 있기보단 뭐라도 하면서 버텨보려고요."

순간, 코끝이 찡해졌다. 당시 각 매장의 직원들은 대부분 군대 시절 나를 따르던 병사들이었다. 그러다보니 더더욱 고맙고 미안한 마음이 컸다.

"그래, 나도 같이 추자!"

경쾌한 음악에 맞춰 우리는 미친 듯이 춤을 춰댔다. 거리를 오가는 사람이 없으니 시선을 끌 수도 매출을 올릴 수도 없었다. 그럼에도 우리의 얼굴에는 점점 더 환한 미소가 번져갔다. 그렇게 우리는 서로가 서로에게 힘이 돼주며 희망의 불씨를 살려냈다.

사업을 하다 보면 크고 작은 위기의 순간이 오기 마련이다. 그럴 때면 나 역시 사람인지라 마음이 위축된다. 하지만 그럴수록 더 환하게 웃으며 직원들을 격려하려고 애쓴다. 가장 힘든 것은 리더 자신이지만, 그럼에도 가장 먼저 웃으며 구성원들의 마음부터 살려내려고 하는 것이다. 그러면 직원들은 그런 내 모습이 안쓰러운지 더 밝고 환하게 웃어준다. 함께 춤도 추고 청소도 하고 대화도 하고 고민도 나누면서 서로 격려하고 응원하는 것이다. 그러다보면 모두의 마음이 함께 살아나고, 어느 순간 위기를 넘어 다시 씩씩하게 전진하게 된다.

○ **구성원의
마음을 모아
한 방향으로 가라**

"김 대리는 우리 회사의 비전이 뭐라고 생각해요?"

"아, 그게…. 고객이 우리 차를 마시고 건강하고 행복해지는, 뭐 그런…."

"최 과장은 우리 회사의 비전이 뭐라고 생각하세요?"

"글쎄요. 우리 회사가 한국의 전통차를 만들어 파는 회사이니만큼 사람들의 건강을 위하는 것이 아닐까요?"

"음… 틀린 말은 아니지만 그렇다고 꼭 맞는 말도 아니군요."

오가다는 창업한 지 8년이 지나는 동안 회사의 규모와 더불어 직원들도 크게 늘었다. 그런데 어쩐 일인지 규모가 커질수록 회사의 비전과 철학에 대한 공감과 공유의 고리가 약해지는 듯했다. 나는 우리 회사가 왜 존재하는지, 우리 회사는 무엇을 추구하는지에 대해 명확한 정의를 내릴 필요가 있다고 느꼈다.

철학이 없는 회사는 없다. 다만 그것이 모두의 뜻을 담아 하나로 잘 정립되어 있든지, 그렇지 않든지의 차이가 있을 뿐이다. 오가다 역시 '세계 최고 품질의 건강 음료와 정성이 깃든 서비스를 통해 고객의 건강과 행복에 기여한다'라는 비전이 있었다. 그런데 독창성이라고는 찾아볼 수 없는 너무나 상투적인 문구인 데다 그 개념도 모호했다. 이래서는 직원들의 머리나 마음에 남을 리가 없었다.

사업을 시작할 땐 거의 모든 것을 혼자 구상하고 준비했기에 그저 내가 세상에 던지고 싶은 화두를 혼자 정의하고 이야기하면 됐다. 그런데 8년이 지나는 동안 본사 직원만도 50여 명으로 늘고, 직영점과 가맹점만 해도 100개로 늘었다. 이젠 혼자가 아닌 '우리'가 된 것이다. 그러니 오가다의 철학과 비전 역시 그들 모두의 목소리를 함축적으로 담아낸 것이어야 했다. 특히 '건강'과 '행복'에 대한 오가다만의 분명한 정의가 필요했다.

"김 대리님은 언제 행복하다고 느끼세요?"

"음, 회사 일도 술술 잘 풀리고 아내와도 오순도순 깨 볶을 때겠죠."

2016년 10월부터 12월까지 나는 직원들 한 명 한 명과 식사를 하며 그들의 마음속 이야기를 들으려 노력했다. 그뿐 아니다. 나는 매년 두 차례씩 전국의 가맹점을 돌며 점주님들과 직접 이야기를 나누고 그것을 오가다의 정책에 적극 반영하려 하고 있다. 그런데 이 시기엔 더 심층적으로 점주님들과 면담을 했고, 점주님들의 목소리를 오가다의 철학과 비전에 담아내려고 했다. 물론 나 자신에게도 같은 질문을 던졌고, 나름의 답도 얻었다.

'건강'과 '행복'이 추상적인 개념인 만큼 정말 다양한 답이 나왔는데, 그중에는 전혀 예상치도 못한 답변들도 있었다. 그 이야기들을 모아보니 분명한 하나의 단어로 집약되었다. 다름 아닌 '조화'였다.

"한 과장은 언제 건강하다고 느끼세요?"

"글쎄요, 전날 야근을 했음에도 불구하고 다음날 아침 개운한 몸 상태를 느낄 때 내가 아직은 건강하구나, 이런 생각이 들어요."

"전 주중엔 회사에서, 주말엔 가족과 함께 최선을 다해 열심히 사는 제 모습을 보며 건강하다고 느껴요."

온몸에 근육이 울퉁불퉁 붙어 있는 것이 건강의 상징이라 여길 수도 있지만, 대부분의 직원들은 집이나 직장에서 열심히 살아가는 자신의 모습을 볼 때 건강하다는 느낌이 든다고 했다. 행복 역시 그랬다. 벅차도록 즐겁고 기쁜 순간보다는 일상에서 평온하고 소소한 기쁨이 느껴질 때 행복하다는 감정이 든다고 했다.

결국 건강과 행복은 내 삶이 조화롭게 흘러갈 때 느껴지는 감정이다. 일과 가정의 조화, 정신과 육체의 조화, 말과 행동의 조화, 내가 생각하는 방향과 회사 비전과의 조화. 이런 것들이 조화를 이룰 때 비로소 내 삶이 행복하고 건강하다고 느끼는 것이다. 점주님들 역시 열정과 수익의 조화, 본사와 가맹점의 조화, 직원과 점주의 조화 등을 통해 건강하다고 느끼고 행복감을 느끼고 있었다.

구성원들의 뜻을 모아 그 초점을 '조화'에 두고 나는 직원들과 함께 행복이나 건강에 대한 격언을 검색하고, 각자 좋아하는 격언들도 공유했다. 그러던 중 "Happiness is when what you think, what you say, and what you do are in harmony"라고 한 간디의 말이 눈에 들어왔다.

"행복은 생각과 말과 행동이 조화를 이룰 때 찾아온다."

우리 회사 비전의 중심이 될 '조화'라는 가치가 그대로 담긴 멋진 문장이었다. 이 문장을 압축해 'a life in harmony'라고 정리하고 직원들에게 의견을 물었다. 그렇게 구성원 모두의 생각과 마음을 한데 모은 오가다의 새로운 미션 'a life in harmony'가 탄생했다.

사업을 하다 보면 무수한 것이 오간다. 사람이 오가고, 기회가 오가고, 성공과 실패가 오가고, 끊임없이 무엇인가가 오간다. 잠시라도 넋을 놓고 있거나 성공에 도취되어 있으면 어느 순간 실패의 나락으로 떨어질 수 있다. 이런 위기에 처하지 않기 위해서는 함께 일하는 사람들과의 호흡이 중요하다. 그 호흡은 강요나 지시로는 맞춰질 수 없다. 공감할 수 있는 비전과 마음을 움직일 수 있는 목표를 제시하는 것이 중요하다.

조직의 비전은 위로부터 강요된 텅 빈 구호가 아닌 내부에서 솟아나온, 모든 구성원의 마음이 모인 알맹이여야 한다. 이런 비전을 만들기 위해서는 구성원들의 마음을 모을 수 있어야 하며, 이것이 곧 리더의 역할이다. 조직의 모든 것에 구성원의 마음을 담지 않으면 결코 한 방향으로 나아갈 힘을 얻지 못하게 된다.

리더는 선두에 서서 손가락 하나로 방향을 지시하는 사람이 아니다. 리더는 조직의 한가운데서 구성원들의 마음을 모으고 그것을 바탕으로 방향을 결정하는 사람이다. 그리고 그 결정에 대해 가장 먼저, 그리고 가장 마지막까지 기꺼이 책임지는 사람이다.

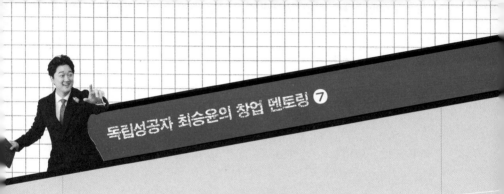

작은 기업일수록 철학이 명료해야 한다

아무리 작은 기업이라 하더라도 그 회사만의 철학은 반드시 있다. 그럼에도 철학이 없다고 느끼는 것은, 그것이 정제된 언어로 표현되어 있지 않거나 구성원들과 공유되지 않고 있기 때문이다.

기업의 철학을 정하고 모두가 공유하는 것은 사업을 하는 데 있어서 매우 중요하고 시급한 일이다. 기업의 철학을 구성원들과 공유하고 있으면 어려운 의사결정을 내려야 하는 순간에 단호히 결정을 내릴 수 있으며, 기업이 단기적 이익에 휘둘리지 않고 지속가능한 성장을 추구하는 데도 유리하다.

기업의 철학을 정립하고 공유하기 위해서는 우선 창업자가 '왜 이 일을 하는가'에 대해 깊이 고민해야 한다. 그리고 어느 정도 생각이 정리되면 그 생각을 토대로 구성원들과의 일대일 대화를 통해 생각의 공통점을 찾고 표현을 정제해 나가면서 합의에 다다르는 과정을 갖는 것이 좋다. 이때 기업의 철학은 크게 미션(mission, 사명), 비전(vision), 핵심가치(value) 세 가지로 정립하면 된다.

이 중 미션은 'why', 즉 '우리는 왜 이 일을 하고 있는가?'로, 회사의 신념에 대한 정의이다. 비전은 'what', 즉 '우리는 무엇을 이룰 것인가?'로, 회사의 목표에 대한 정의이다. 핵심가치는 'how', 즉 '어떠한 가치를 가지고 목표를 달성해나갈 것인가?'에 대한 정의이다.

2009년 오가다를 창업할 당시 나는 '세계 최고 품질의 건강 음료와 정성이 깃든 서비스를 통해 고객의 건강과 행복에 기여한다'라는 미션이자 비전 사명문을 만들었지만, 이 미션은 사실상 유명무실했다. 왜냐하면 미션은 창업자 혼자만의 것이 아니기 때문이다. 구성원들과 공유되지 않거나 공유할 수 없다면 아무 쓸모가 없기 때문이다.

창업 초기에 만들었던 오가다의 미션이 유명무실해진 가장 큰 이유는 지향하는 바가 명료하지 않은 데다 추상적이었기 때문이다. 어쩌면 그 문구는 패기는 있지만 경험이 부족했던 젊은 창업자의 모습을 그대로 닮았었는지도 모른다. 왜냐하면 패기 넘쳤던 나는 그 당시 내 사업에 모든 좋은 가치를 다 담으려고 했기 때문이다.

작은 기업에서 미션이나 핵심 가치를 설정할 때 가장 경계해야 할 부분이 바로 이런 것이다. 좋은 개념을 다 담는다고 해서, 폼을 잡는다고 해서 좋은 미션이 아니기 때문이다. '소년이여, 야망을 가져라(Boys be ambitious)!' 같은 톤의 야망 지향적인 미션보다는 지금 우리가 할 수 있는 것을 먼저 생각해야 한다.

범위가 넓은 것보다는 그 범위를 좁히는 것이 구성원들과 공유하기 쉽기 때문에 보다 건실한 철학이 될 수 있다. 이를테면 창업자인 내가 평소에 가지고 있던 카페 철학, 즉 '우리는 오가다에 들르는 모든 손님들을 넉넉한 마음으로 돌아가게 한다'는 문구를 미션으로 삼았다면 구성원들이 모두 편하게 받아들이고 공유하기도 더 쉬웠을 것이다. 그러니 작은 기업일수록 철학은 구성원들이 쉽게 공감할 수 있어야 하고 명료해야 한다. 그리고 이렇게 만들어진 철학은 구성원 모두와 공유될 때 그 가치가 있다.

우리는 그 어떤 순간에도
성장을 경험할 수 있습니다

2016년 12월 31일, 오가다는 '달려온 7년, 함께할 7년'이라는 주제로 비전 선포식을 가졌습니다.

2009년 창업 이후 오가다는 크고 작은 성과는 물론 작은 실수와 실패도 경험했습니다. 맑은 날은 맑은 대로, 흐린 날은 흐린 대로 그 모든 시간을 즐기며 성실한 걸음으로 오늘까지 왔습니다. 드라마 〈도깨비〉의 명대사처럼, 뒤돌아보니 그 모든 날이 좋았던 것 같습니다. 이렇게 달려온 열정의 7년을 칭찬하고, 앞으로의 시간 또한 그 열정이 식지 않도록 우리는 비전 선포식을 통해 오가다만의 철학을 정립하고 공유했습니다.

비전 선포식에 앞서 저는 세 달간 직원들과 점주님들을 일일이 개별 면담하며 그들의 목소리를 취합했습니다. '우리 조직이 왜 존재하는지'에 대한 이유를 찾고, '우리 조직은 어떤 가치를 우선시할 것인지', 그래서 '우리는 무엇을 할 것인지'에 대한 답도 찾았습니다. 그렇게 모두의 목소리를 담아 완성한 오가다의 비전은 'a life in harmony'입니다.

"우리 오가다는 오늘 이후로 어떤 사업, 어떤 활동을 하든지 '조화로운 삶'을 전파하기 위해 존재해야 합니다. 그것이 우리 회사의 존재 목적입니다."

저는 CEO로서 조화로운 삶이라는 비전을 실천하고자 과감하게 주 4.5일 근무제를 도입했습니다. 직원들은 금요일 저녁에 퇴근해서 편안하고 행복한 휴일을 즐기다가 월요일 오후부터 다시 출근을 합니다. 휴일이 늘어난 직원들은 연인이나 가족과 여행을 가기도 하고, 자기계발을 하기 위해 학원에 다니기도 합니다. 그리고 그렇게 충전된 에너지를 회사에서 아낌없이 풀어냅니다.

2017년 4월에 새로 이전한 오가다 사옥 역시 'a life in harmony'를 구현할 수 있는 공간으로 꾸몄습니다. 딱딱한 형식을 깨뜨린 자유로운 회의 공간은 물론, 건물 1층에는 카페를 만들어 편안하게 차를 마시거나 회의, 미팅 등을 할 수 있게 했습니다. 그 외에도 누워서 전화 통화를 할 수 있는 부스, 흡연자들을 위한 쾌

적한 흡연실, 안마의자를 갖춘 휴게실 등 최대한 직원들의 몸과 마음이 편안하고 즐거울 수 있게 꾸몄습니다.

저는 오가다 직원들이 회사에서 보내는 모든 시간이 단순히 돈벌이를 위한 업무로써가 아닌 자기 성장과 발전을 위한 배움의 시간, 즐겁고 행복한 시간이 되기를 바랍니다. 그리하여 우리의 삶이 가정에서든 직장에서든 조화로울 수 있기를 희망합니다.

저는 평소에 건강관리를 위해 복싱을 합니다. 그런데 복싱이 워낙 과격한 운동이다 보니 운동을 하면서도 늘 힘들고 괴롭다는 생각을 지울 수가 없었습니다. 본격적으로 복싱을 하기 전에 준비운동으로 줄넘기를 최소 천 번은 하거든요. 질릴 만도 한 횟수죠. 그런데 그게 다가 아닙니다. 줄넘기가 끝나면 거울을 보며 섀도복싱을 한참 동안 합니다. 그리고 마지막으로 관장님과 킥판으로 훈련을 합니다. 뭘 그렇게까지 과격하게 하냐고요? 아마추어 선수권 대회에 나갈 목표를 세워뒀거든요. 그래서 일반인에게는 다소 강하게 느껴질 강도 높은 훈련을 하고 있습니다.

힘들지 않냐고요? 당연히 힘들죠. 하지만 저는 거르지 않고 복싱장에 가고 있습니다. 운동을 하는 순간은 힘들고 괴롭지만 운동이 끝난 후 샤워를 하면서 느끼는 상쾌함, 그리고 운동을 했다는 만족감이 크기 때문이었죠. 무엇보다 이 운동이 나의 미래를 위한 엄청나고 꾸준한 투자라고 생각하면 힘들어도 기꺼이 할 수 있었습니다. 그런데 어느 날 충격적인 반전을 경험했습니다.

"지금 30분 운동하면 30분 더 살 뿐이다."

하루는 복싱을 마치고 집으로 오는 길에 SNS에서 이런 문구를 보게 되었습니다.

'아, 이건 뭐지?'

그 짧은 문장에 저는 강한 충격을 받았습니다. 내가 여태 뭔가 잘못 생각해 왔구나 싶었습니다. 운동하는 만큼 미래에 더 살려고 이렇게 힘들게 운동을 해온 것은 아니지만, 현재의 즐거움보다는 미래를 위한 투자로 운동을 한다고 생각해온 것은 사실입니다. 미래를 위해 현재의 고통을 견뎌온 거죠. 그러니 과정을 제대로 즐기지 못했던 겁니다. 그날 이후 저는 대오각성 했습니다. 놀랍게도 그 후 저는 복싱 하는 과정 자체를 즐기게 되었습니다. 잔뜩 인상을 쓰고 하던 줄넘기도 이젠 웃으면서 하고 있습니다. 힘들어도 미래를 위해 인내할 때 짓는 억지웃음이 아닙니다. 운동을 하고 있는 그 순간을 즐겁고 재미있게 느끼기 시작한 거죠.

창업도 마찬가지인 것 같습니다. 두려움을 버리고 내가 밟는 한 걸음 한 걸음을 즐기고, 그 과정을 통해 성장하는 것이 가장 중요합니다. 우리는 그 어떤 순간에도 성장을 경험하기 위해 살고 있는 것이니까요.

우리는 죽.지.않.아.요. 용기를 가지고 뚜벅뚜벅 세상 속으로 걸어 들어오세요. 그리고 우리, 세상의 중심에서 다시 만납시다!

취업은 짧고 사업은 길다(취짧사길)

1판 1쇄 발행 2017년 5월 10일

지은이 최승윤
발행인 곽동욱

메이킹 스태프
브랜드 총괄 | 한상만
원고 개발 | 엔터스코리아 국내기획부
프로듀싱 | 안소연
편집 | 고정란
편집 서포트 및 제작 진행 | 이윤희
디자인 | 김세란
표지 저자 사진 | 박주섭(레트로 스튜디오)

출판 브랜드 움직이는서재
주소 06168 서울시 강남구 삼성로 512, 10층
주문 및 문의 전화 (031)977-5364 | 팩스 (031)977-5365
독자 의견 및 투고 원고 이메일 goldapple01@naver.com
블로그 http://blog.naver.com/movinglibrary
포스트 http://post.naver.com/movinglibrary

발행처 (주)인터파크씨엔이 **출판등록** 제2015-000081호

ISBN 979-11-86592-39-7 03190
책값은 뒤표지에 있습니다. 파본은 바꾸어 드립니다.
움직이는서재는 (주)인터파크씨엔이의 출판 브랜드입니다.

초판 부록

오가다 음료
1,500원
할인쿠폰

★ **사용 기간**: 2017년 5월 1일~2017년 8월 31일
★ **사용 방법**: 〈오가다〉 전국 매장에서 사용 가능
  합니다. 단, 특수상권 매장(복합몰, 마트, 백화
  점, 고속도로 휴게소 등)에서는 사용하실 수 없
  으니 양해 바랍니다. 또한, 타 쿠폰 및 이벤트와
  중복 적용이 되지 않습니다.